打開天窗　敢說亮話

U0023010

WEALTH

天窗出版

新經濟
舊經濟

股票投資法則

曾淵滄　著

目錄

Chapter 01
留意大局

Chapter 02
了解國策

Chapter 03
新經濟股繼續高飛

目錄

Chapter 06
擁抱新經濟心態

Chapter 07
正確心態　持盈保泰

留意大局

美國經濟周期
啟示

當我們好好去了解美國經濟周期的周而復始,便能更好地掌握經濟的盛衰,預早部署及應對市場的變化。

美國每逢有新總統上任,第一年必然會幹些大事,振興經濟,以表示自己有為,所以每逢新總統上任第一年,我們是可以看好當地的經濟的。然而到第二年,美國政府會想法子冷卻經濟,因為政府沒有信心維持經濟在任期的四年內都全面向好。從前的克林頓嘗試過,在他的第二任期時,想把經濟谷至2000年,以留低非常美麗的成績,但他沒有成功,所以美國經濟在2000年爆煲,但克林頓第一任期是很成功的。

息率沒減便沒法加

克林頓是眾多美國總統中,很聰明的一位,很懂得利用經濟周期為自己競選,克林頓在1993年上任,之

所以能打敗老布殊，就是因為1992年美國經濟很差，當時在電視辯論中，老布殊仍然在說自己攻打伊拉克的戰績，克林頓說了一句名句：'It's the economy, stupid!' 他是在說，伊拉克打仗的事已經不重要，重要是現在經濟很差，美國人民要的是經濟回復正軌，讓市民安居樂業。克林頓之所以能勝選，就是因為當時經濟很差，他上任後，經濟在1994年復蘇，但他隨即加息，不斷加息，由年頭加至年尾，加至股市跌、樓市跌，甚麼也跌。去到1995年，他轉軚減息，同樣由年頭減到年尾，最終1996年成功連任。格林斯潘也寫過回憶錄記載，裏面提及：「利息沒加就沒法減。」因為克林頓上任時，利息極低，就正如今天拜登的情況一樣，利息現階段是沒辦法再減下去，所以要之後能有減息的彈藥以助連任，他便要找機會加息，之後息率才能向下減，所以大家要預計，2022年會是經濟冷卻年，拜登絕對有誘因冷卻經濟，之前特朗普也是這樣。

經濟周期　周而復始

特朗普在2017年上任時，經濟很差，2016年大時代爆煲，但特朗普於2018年加息，但在公開場合則炮轟聯儲局無視經濟而加息，現在回看倒有幾分互相演戲之嫌，他同時在2018年發動中美貿易戰。然而去到2019年，便轉而減息，同時開始和中國洽談貿易協議，所以2020年初就達成協議，全個貿易戰結束，成功爭取中國買農產品，同時向部分不太影響民生的工業用零部件產品徵稅，說的只是數千億美元的產品而已，只為做台戲，是不顯著的金額。原本在2017年加息，然後

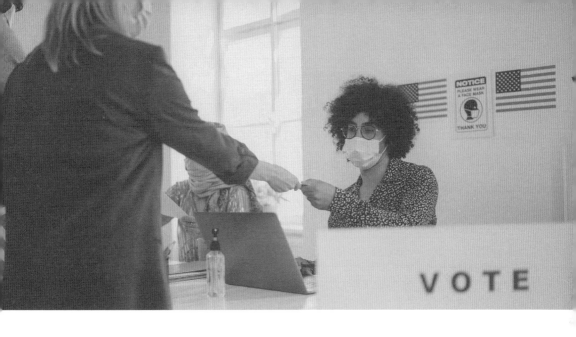

在2018年之後的減息及一系列舉措，以刺激經濟，特朗普大有可能連任，但可惜的是他比較倒霉，來了個始料不及的新冠肺炎，令他難以連任。

2022年很可能加息

這些總統的慣用技倆從古到今都一樣，從1981年上台的列根時期就開始，1982及1983年減息，至1984年連任，每一任總統重複在做著每一任總統都做的事，把經濟玩弄在掌心之中，所有以往、現任及以後的總統，都會用同樣技倆為自己連任增添籌碼，所以只要順著這個邏輯，不難理解拜登政府很有可能在2022年加息，然後在之後再找機會把息率減下去。

全球經濟
長遠復蘇

市場關心的依然是美國拜登的政策，2021年初，香港股市的調整與反彈，深受拜登的1.9萬億美元的紓困方案影響。

開始的時候，1.9萬億美元的紓困方案令到美股出現大調整，投資者認為紓困方案會帶來通脹，而通脹會帶來加息，股市就出現了調整，2020年升幅巨大的新經濟股調整幅度也就更大。不過，在紓困措施正式在參眾兩院通過，拜登簽署後，美股大反彈，道指和標普500都創了新高，納指也有不錯的反彈。

華爾街解讀左右股市走勢

這就是華爾街的戲法，同一件事，前後出現完全不同的結果，理由是市場以不同的角度、觀點來分析同一事件，開始時，市場一致認為拜登的1.9萬億美元會

帶來通脹，通脹會帶來加息，而10年期債息大幅上升也進一步加強了這個觀念，但是，當拜登正式簽署了這項1.9萬億美元的紓困法案之後，華爾街的焦點改變了，從擔心加息變成興奮地迎接經濟復蘇，1.9萬億美元肯定會推動經濟，特朗普臨下台前剛剛為每一名美國人派發600美元，拜登再增加1400美元，美國人收到錢自然會花掉，而花錢，企業就可以賺到更多錢，上市企業賺多了錢，股價自然有炒起的理由。

這也就是說，股市短期的升跌，很大程度是操縱在華爾街大戶手上，股價上升的理由與下跌的理由全是人造出來的。拜登的1.9萬億美元紓困方案，可以被視為壞消息，也可以被視為好消息，因此長期投資者根本可以不必理睬這些短期走勢所謂的「分析」。

從較長期的角度看，全球經濟復蘇是必然的事，因此，2020年大跌的舊經濟股至今仍有再向上的條件，新經濟股2020年的升幅太大，至今調整的幅度是否已經足夠仍然未知，不要因為股價突然大幅反彈就急急追入，投資者留意，每當到大部分上市公司的業績期，可以耐心地等待你心目中的愛股公布業績後，才決定去留或增持減持。

通脹是無可避免

香港特區政府行政會議批准了四家巴士公司加價，打響了香港通脹的第一槍，通脹要來了，儘管失業率高，但是，全球貨幣供應氾濫，各種各樣的天然資源已大幅漲價，通脹已是不可避免。

巴士加價之後，另一個加價的交通工具必然是地鐵。港鐵（0066）3月剛剛宣布其上市後第一次的虧損，業績虧損會使到加價更加合理。2020年的虧損是為明年創紀錄的盈利打下基礎，是一隻不該錯過的股。

拜登正式宣布推出2.25萬億美元基建計劃，美國經濟要全面復蘇了，美國通脹也一定會出現，美國經濟復蘇及通脹也一定會影響全世界。

2021年初，特朗普臨下台前批出9,000億美元的紓困措施，拜登再加上1.9萬億美元，合共2.8萬億美元，現在再加上2.25萬億美元基建，合共逾5萬億美元。回想2018年，特朗普向3,600億美元的中國產品發動貿易戰，3,600億美元與逾5萬億美元一比，只是7.2%，可見當年的這場貿易戰對特朗普、對美國來說，宣傳的價值遠高於實際效用。

美國還未有條件加息

牛年牛市成了狂牛，開年首兩天恒指急升911點，第三天就開始下跌，元宵佳節那一天，恒指由高位急跌2,203點，有趣的是，財政司長也恰恰宣布加股票印花稅，於是成了千夫所指的跌市替罪羔羊。

實際上，是誰造成跌市？答案是拜登，是拜登的1.9萬億美元的紓困措施，再加上準備推出的大型基建項目，同樣是印鈔票，但是奧巴馬印鈔票、特朗普印鈔票都只是注入金融圈，炒起債券，炒起股票，美國基層老百姓一分錢也分不到，因此產生不了通脹。現在，拜登全民派錢，全民加失業救濟金，全民加最低工資，而且是很大幅度的加幅，於是全民有錢花了，美國人一有錢花，就一筆花，如此一來，通脹預期來了。長期債息上升了，一下子就把正在熱炒的股市冷卻了。

這不是壞事，股市炒得太熱，冷卻一下讓瘋狂的股民清醒清醒，讓那些見到股價愈升愈高，想追不敢追的股民有機會趁回調入市，而那些手上有持股的股民，現價止賺，多數仍有不錯的利潤，因為這個牛市已牛了一段時期。股市大調整，兩種股票最值得買，第一種是你原來就很想買，但是看着股價一路上升，遲遲不敢追，大跌市就是追入的機會；第二種股票是能在大跌市時逆市上升的股份，這些股票多有特別強的利好信息。

可趁機投資 ATMXJ

至今，我依然看好 ATMXJ（即阿里、騰訊、美團、小米及京東），因此，如果你之前一直想買這五隻股票而遲遲未入市，現在可以再考慮。而逆市上升的股份中，比較突出的應該是太古地產（1972），疫苗開始接種，澳門已經開放邊境，香港應該也快了，邊境一開放，內地旅客來香港，對太古地產和九倉置業（1997）這類大商場收租股肯定是利好消息。

不論是趁低吸納或是追入逆市上升的先決條件是美元的利率走勢，2021年3月初股市大調整，當然不是因為香港加股票印花稅，而是美元的10年債息創1年新高，拜登全民派錢計劃引來通脹的預期，通脹預期又引來加息的擔憂，因此，最重要的是美國聯儲局的態度。

美聯儲派定心丸

為了安撫市場，3月5日，美國聯儲局官員出來講話了，強調通脹是經濟強力復蘇的象徵，經濟復蘇，企業就應該賺更多錢。當天，美股「V」形反彈，緊接着聯儲局官員講話之後，財長耶倫也公開講話，內容與聯儲局官員一模一樣，也是強調不必擔心通脹，通脹是經濟強力復蘇的好現象。現在，美國聯儲局與財政部已經聯合起來，繼續推動股市上升。為甚麼？為了支持拜登的新政，支持拜登1.9萬億美元派錢大計。

3月6日，拜登的1.9萬億美元的派錢預算在參議院以50票對49票通過了，共和黨人全部投反對票，民主黨人全部投支持票。不過，其中有兩項議案被修改了，其一是每月400美元的失業救濟金降至300美元，其二是最低工資每小時15美元的立法也被撤銷了。

從股市投資的角度來看，這該是好事，近一段日子，美國市場之所以擔心通脹，就是因為拜登要把失業救濟金由每周300美元提高至400美元，並把最低工資提高1倍至每小時15美元，現在，參議院理性地把拜登的派錢大計修改了，派錢少了，通脹憂慮也該下降。

再換另一個角度來看，通脹的出現，開始時對股市是一項打擊，因為投資者會擔心加息，不過，不必太久，企業因通脹而賺更多錢，股價會再回升。當然，到了後期，聯儲局因通脹不斷的升高也就不得不加

息，股市就垮了。但是，這段時間不會太短，由通脹開始出現至加息，一般上是一年的時間。

美國經濟仍未復蘇

我相信，現階段美國加息的風險很低，美國經濟仍未復蘇，拜登的派錢大計也仍未正式推出，因此，美股的調整更重要的原因是美股升得太多了，自然有人想沽空做淡賺錢，10年債息向上就是一個好的借口。我相信，如果長期債息繼續維持高水平，聯儲局會出手買債，推高債價也就等於壓低債息，拜登的新政還沒正式推出，聯儲局沒有理由不支持，聯儲局主席的任期2022年初就屆滿，如果他想連任，就會盡量配合拜登的新政，而不是搞亂。

此外，如果我們觀察過去許多次加息周期對股市的影響，我們可以輕易得到一個結論：即加息初期，股市依然會上升，理由是通脹意味着經濟好。經濟差不可能有通脹，經濟好上市企業多賺錢，業績佳，派息升，股價就上升。因此，現在就開始擔心聯儲局加息是過早了。

我唯一擔心的是美股跌幅還不夠大，聯儲局暫時沒興趣出手干預。

1.4 全球市場
炒股不炒市

2020年結束了，恒生指數下跌3.4%，表現不佳，幸好，2020年一整年，許多人，包括我在內，都認為2020年是炒股不炒市的一年，理由是股市出現兩極化，新經濟股遠遠跑贏舊經濟股，這使到以舊經濟股為主的恒指表現不佳。幸好，恒指公司已表示將會大大改革恒指，估計將來大量新經濟股會加入恒指，同時比重也會增加。

可以說，2021年仍將會是炒股不炒市的一年，一直到恒指公司完成恒指的改革，大大增加新經濟股。

這種情況不是香港獨有的，內地三大指數，在2020年皆上升，但是比較之下，上證表現得最差，表現最好是創業板指數，之後是深證成指，還有，美國的情況也如此，表現得最好的是納指，其次是標普500，

道指表現最差。而傳統上,道指被認為是美國股市代表大市走勢,內地三大指數與美國三大指數表現各異,也是因為新經濟股與舊經濟股走勢相反所致。

炒股不炒市　須與時並進

過去大半年,市場流行「炒股不炒市」這句話,不過,炒股也不是一成不變,而是要不斷地變,新經濟股,舊經濟股在不同的時間都有炒作的空間,隨着中國疫情受到控制,RCEP的出現,疫苗的研發,舊經濟股份也開始翻身,不過不是全面翻身,理由是至今為止,環顧全球各地,也只有中國大陸疫情受控,因此,仍然有許多舊經濟股股價大落

後，擺在眼前的選擇的確很多，可以選擇撈底，買股價依然低殘的舊經濟股，也可以買股價大翻身的舊經濟股，或者，依然可以繼續支持新經濟股，而新經濟股在上升多時之後，目前也正在整固，股價輕輕回落。

股市兩極化

2020年，全世界經濟一團糟，但是，美股創歷史新高，經濟與股市嚴重背馳，為甚麼？道理就是印鈔票，鈔票多了，沒地方去，就投入股市。不過，股市出現了兩極化，舊經濟股的確受疫情打擊，新經濟股則炒得人人心花怒放。看來，2021年依然會持續2020年的狀態，新經濟股繼續炒，新股越來越多，單是抽新股就是一項不錯的大小財路，有錢人、機構投資者可以不必抽籤而獲分配，散戶則希望申請1手就能抽中。

要恒指升，舊經濟股中也得跑出幾隻，才足以推動恒指急速回升，現在，市場已經預先在炒香港與內地免隔離通關，因此，友邦（1299）、銀娛（0027）這兩家相當依賴內地客的股份都炒起，友邦更榮升紅底股。

隨着疫苗的出現，很自然地，舊經濟股也成了可以關注的對象了，實際上，炒內地內循環、外循環，就足以推高內銷股、賭股、保險股、收租股的股價。

1.5

股市狂炒
因無限印鈔

全球新冠肺炎感染人數已經超過1億人，除中國外，全球幾乎全陷入經濟衰退。美國是全球受感染人數最多的國家，達2,500萬人，佔全球受感染人數的四分之一。不過，儘管疫情嚴重，美股卻不斷地創新高，近日更有一隻股在短短的10個交易日最高急升24倍。而且每日急升急跌，更導致多家對沖基金大戶因沽空而出現巨額虧損而破產。這種情況使到全球投資者都感到股市泡沫味道濃厚。

美股日股創新高

不單是美股創新高，日本股市也如此。現在，日經指數已經接近上個世紀九十年代初期的歷史高位。日本股市從上世紀九十年代初期由高位跌下之後，經歷了超過20年的「迷失年代」，股價不斷地創新低，一直

到安倍上台才改變每下愈況的走勢。這也使到安倍能夠成為日本在位最長久的首相。安倍之前的20年，日本幾乎每年換首相。除了美國、日本之外，歐盟的股市在近期也同樣的表現得很不錯。

為甚麼實體經濟如此差，疫情如此嚴重，股市可以創新高？創新高是不是完全依賴泡沫來維持？

股市創新高的最重要原因是印鈔票。無限量的印鈔票，無極限的壓低利率。現在，日本、歐洲某些國家的國債利率已成為負數，今日投資100元買這類國債，到期時拿不回100元。瑞士銀行的大額存款也出現負利率現象，存款每年會被扣減一點點錢，名堂是服務費，結存年

年減少。負利率、零利率再加上狂印鈔票,市場上多了那麼多的錢,不論經濟好壞,不論上市企業賺多少錢,股票還是有許多人搶着買,只要有人搶着買,股價就升了,投機者已不理會自己所買的股票所代表的企業一年能賺多少錢。

有人也許覺得鈔票亂印一定會貶值。不過,如果我亂印你也亂印,誰該貶值?世界上數個大國一齊狂印鈔票,貨幣一齊「貶值」,就等於沒有貨幣真的貶值。

還看疫情發展

但是,股市狂炒不表示實體經濟會好轉,疫情一日不受控制,生產就一日不能正常化,在停產的打擊之下,經濟如何復蘇?目前,全球所謂的1億人感染到新冠肺炎的數字,是各國的官方數字,實際上,一定有一些國家瞞報疫情,而且這些國家太窮,窮到沒有錢進行檢測,沒有檢測,就沒有確診數據,貧窮國家有人病了,病情類似感冒就吃感冒藥,醫不好死了就死了。但是,全球接種疫苗的速度依然很慢,全世界第一個成功研發疫苗的國家——美國,每天也只能為100萬人接種疫苗。美國有3億多人,依此速度要足足1年才能達到全民完成接種的工作。富國如此,窮國更不用說,窮國哪有錢買疫苗?

新「黑天鵝」會出現？

2020年過去了。2020年被形容為「黑天鵝」滿天下的一年，傳媒列出的「黑天鵝」包括：新冠肺炎病毒、滙豐控股（0005）不派息、石油負價格、螞蟻集團上市前兩天叫停。

所謂「黑天鵝」，是指全世界怎麼猜也不可能猜到，正如歐洲人未到達澳洲之前，不可能相信有黑色的天鵝，因為歐洲只有白天鵝。

新冠肺炎病毒的確是「黑天鵝」，2003年出現過「沙士」（SARS），也的確很嚴重，股市、樓市皆跌至極低點。

肺炎影響　股市個別發展

2020年的新冠肺炎病毒，感覺比「沙士」更嚴重，但

是股市受打擊不大；更正確的說，只是某些板塊受到打擊，另一些板塊則一升再升，表現得非常好。

因此，2020年的股市可以說是個別發展的一年。整體表現是差了一些，差的原因是恒生指數的選股及比例問題。

也因為2020年股市個別發展的現象太明顯、太強，逼使恒生指數公司不得不宣布大改革，把原本50隻成份股，加到最多80隻；也改變了許多上市條件，可以預期將加速加入一些有潛質的新上市股，並加大這些股的比重。

2003年的「沙士」來得急，去得快。因此，2003年中開始，就是股市、樓市見底回升的好時機。但是，2020年的新冠肺炎病毒至今仍嚴重，只能期待疫苗的出現會有效舒緩疫情。

滙控不派息　石油負價格

滙控不派息，實際上不是獨立的「黑天鵝」；如果沒有新冠肺炎病毒，滙控不會不派息。

石油負價格，也一樣與新冠肺炎有關，只是出現負價格的確是難以想像的事。

螞蟻集團上市叫停，是冰封三尺非一日之寒，只是中央決策過程保密

程度高，才會突然「爆發」；甚至連中證監之前都不知道，才會輕易批准集團上市。

2021年會不會有新的「黑天鵝」？當然沒有人會知道。不過，中央發現的「灰犀牛」不但已經出現，也已經開始橫衝直撞。

現在是評估最壞情況會是如何，同時尋找是否有因禍得福的二線新經濟股因此得利的時候。中央打壓龍頭新經濟股，自然為二線新經濟股帶來商機。

小心中美
「灰犀牛」

《國安法》很明顯是「灰犀牛」事件，只有不太天真的
人，才會相信中央會允許香港立法會、特首選委會失
控。

人人都知道的存在

「灰犀牛」的意思，是人人都知道「灰犀牛」已經出
現，只是不知道這隻灰犀牛何時會突然向前衝。

從投資的角度來看，《國安法》帶來社會相對穩定，是
利好因素；不過，《國安法》也會打擊某些人對香港前
途及個人生活的信心，是利淡因素。

利好與利淡因素對沖，影響就不是一般性，不同板塊
的影響也會不同。

美國加稅免過度印銀紙

美國有可能在2021年加稅，這會成為2021年最大的「灰犀牛」，當然最早加稅的日子，也得等到2021年最後一季。

為甚麼說美國會加稅？可以留意拜登現在提出很多基建及紓困措施，紓困措施規模達到1.9萬億美元，是建立在特朗普那9千億美元的基礎之上。1.9萬億美元是甚麼概念？中國政府改革開放40年，這40年以來所儲下的美債才1萬億美元，然而拜登大筆一揮，就是多1.9萬億美元國家債務，是中國儲了40年才得到的兩倍。

比較可笑的是，特朗普原本也想投放9千億美元紓困措施，但被民主黨否決，但後來拜登上場，民主黨通過9千億美元紓困方案，即是說明我們派可以，特朗普派就是不行。

這筆派出來的錢實在太大了，令10年期美債息升至多年高位，市場擔心通脹。這1.9萬億美元，拜登不只是想紓困，更是想將美國經濟推高至另一層次，以和中國競爭。美國正計劃推2.25萬億美元基建，這筆更龐大的金錢，錢可以從何來？一是繼續以印銀紙解決，但問題是，這對美元的前途造成很大挑戰，會令更多人覺得美國愈來愈不自制，會否令人開始不再想持有美元？你看中俄及中伊之間的貿易，已經不接受美元，隨著中國愈來愈大的影響力，和更多國家進行人民幣雙邊貿易，減少以美元做交易，美元便少了用途。

向富豪及大企業出擊

另外，中國在推行數碼人民幣，進一步擺脫以美元進行清算，而這些數碼貨幣形式也是保密的，美國想抵制也無從入手。所以如果無日無之的印美元，會令美元長遠受到挑戰，拜登也深明這個道理，所以為應付那2.25萬億美元基建，美國自不然要加稅。拜登所屬的民主黨是相當社會主義化，比較仇富一點，所以拜登政府會傾向向富人及大企業徵稅，這確實也是最有效，最快得到一大筆錢的。如拜登政府真的這樣做，也可能會引致市場變化，例如大公司可能會拆細，銀行會有不少生意，富豪可能也會將身家拆細，拆成很多不同的基金，以避免被大量徵稅。

美國圍堵中國
決心仍在

過去4年，特朗普對中國發起貿易戰、科技戰、股市戰，貿易戰已經落敗，科技戰還在打，中國也決定全面迎戰。2021年，中國經濟工作最重大的任務就是提升科技研發，特朗普的科技戰刺激了中國科技研究。

股市戰則是在近日才開始，儘管當時特朗普任期只剩下十幾天，他仍然利用權力依然在握的每一天搞破壞，讓拜登來收拾爛攤子。所謂股市戰，也是金融戰的一部分，他已應用總統行政命令下令美國人、美國資金不准投資部分中資股，指稱這些中資企業有中國軍方背景。

特朗普任期撕裂人民

特朗普的總統任期，把美國人民分化了、撕裂了，不少美國人也與他一起狂熱了，兩黨的支持度相近因此

投票率奇高說明了人人都走向狂熱。回想2019年香港的修例風波,參
與者何嘗不是狂熱?是國安法出現之後,這些狂熱年輕人的心頭之火
才開始冷卻。全世界任何一種狂熱的思想,都是有些人在推動的,狂
熱的結果也一定是把社會撕裂。

拜登上台後,美國人能迅速恢復和平理性嗎?不容易的,美國社會已
經撕裂,要在短時間內改變並不容易,更何況特朗普、蓬佩奧及多名
共和黨的極端人物,都在謀求2024年東山再起,他們會繼續推動美國
社會分裂,依靠這股狂熱來爭取4年後的權力。

拜登或重新連結盟國對抗

特朗普下台,拜登上台,但是,中美對抗是不可能改變的局勢,這是
中國崛起的必然結果。從奧巴馬開始,美國已盡力地圍堵中國,特朗
普認為美國足夠強大,可以單打獨鬥,因此放棄聯合其他盟國圍堵中
國,而靠自己向中國狂攻,沒有成功而下台。拜登上台,依然會繼續
設法壓住中國的崛起,有可能走回奧巴馬的老路,即聯合其他盟國一
起對付中國,因此,不要以為瘋狂的特朗普下台了就萬事大吉。

中美雙贏
還是兩傷？

美國總統拜登上任後，終於與國家主席習近平通了電話。拜登正式上任後，遲遲未與習近平通電話，引來不少評論與猜測。實際上，拜登遲遲未與習近平通電話是因為他遲遲未能重組圍堵中國的外交圈，也未有一套成熟的應對中國崛起的大戰略，一切仍在「研究」中。

聯歐抗中　不是易事

拜登一上任，首要的外交工作是重建美國與傳統盟國的關係，因為特朗普已經破壞了這個關係。拜登也與俄國繼續美俄的核彈軍備裁減協議，因為特朗普已經下令廢了這項協議。而對中國，特朗普留下的是一大堆制裁，以及貿易戰留下的首階段協議……這一大堆

東西拜登還要好好地「消化」。目前拜登選擇的行動就是一切暫時不變，得進一步研究得失再打算。

經過一輪接觸之後，拜登發現「聯歐抗中」的戰略並不如想像中容易。法國總統馬克龍已公開反對一面倒地支持、配合美國圍堵中國，因為這會使法國失去巨大的經濟利益。實際上，在拜登正式上任之前，中國已經與歐盟簽署中歐投資協定。歐盟會為了外交政策搖擺不定的美國而放棄中國的投資機會嗎？

中國遲早會成為世界第一經濟大國，14億中國人正在富起來，這個

市場大到難以拒絕。包括美國的大小企業家，當然也包括美國傳統盟國內的大小企業家都不會放棄中國市場，特朗普帶來的經驗，讓美國的盟國都感到美國並不可靠，只要總統一換人，甚麼事都可以推倒重來，連駐軍都得交「保護費」，還算是盟國嗎？歐盟如此，東南亞更糟糕，奧巴馬千辛萬苦建立沒有中國的「跨太平洋夥伴關係協定（TPP）」，特朗普一手推翻了，取而代之的是有中國參與而沒有美國的RCEP。該貿易協議包含了東盟10國，另加日本、韓國、澳洲、新西蘭與中國，就是沒有美國。拜登有能力說服這些國家退出RCEP嗎？

權衡經濟利益

拜登上任後，用了3個星期與美國傳統盟國聯繫，最終還是得面對中國這個世界第二大經濟體、美國最主要的競爭對手，但也是合作夥伴。於是拜登與習近平通了電話。

表面上這次通話是各自表述，不過有理由相信，拜登明白習近平所說的道理，即中美兩國合作則雙贏、對抗則兩傷。特朗普打了3年貿易戰、科技戰、金融戰，成績如何，拜登看得到。當然，對拜登而言，有些事是只能做不能說，有些事則只說不做。白宮對這次中美元首通話內容所發表的新聞稿是講給美國選民聽的。接下來，是拜登好好地衡量與中國合作或對抗的經濟利益，我們不妨樂觀以待。

1.10 拜登要處理的爛攤子

特朗普終於低調地離開白宮，人走茶涼，沒有萬人空巷的歡送大會，參議院內一些共和黨人正在準備落井下石，對一個已離任的總統進行彈劾，阻止他4年後東山再起，擋住自己的機會。拜登有驚無險地宣誓就任第46任美國總統。美股因而創新高，港股也造好，恒指一度破3萬點。

許多人看到過去幾年的中美貿易戰、科技戰，及剛剛開始不久的金融股市戰，因此，不少人期望拜登會改善中美關係。

拜登上台了，上任時的就職演說沒有提到中國，上任後第一天簽署15項總統行政命令，也全部與中國無關。中美貿易戰、科技戰、股市金融戰，暫時就讓中美關係凍結於現階段，不變好也不變壞，不過，前景應該是樂觀的。看來，拜登還得忙完他認為一些更重要的事情，才有空來處理中美關係。當然，暫時而

言，相信拜登首要的任務是處理美國非常嚴重的疫情、修補特朗普弄壞了的盟國關係、國際關係，因此，中美經貿關係，短期內應該不會改變。但也不好過度盲目樂觀，胡亂衝入自己不熟悉的股市。

貿易戰或重新審查

今日拜登面對的經濟現狀是大量失業、貧富懸殊。特朗普曾吹牛說發動貿易戰可以使到流到中國的美國工廠回流美國，結果完全失敗。反而使到美國人得付更多的錢繳付入口關稅。而疫情使到美國不得不向中國採購更多的東西。因此，相信拜登會盡快解除大部分向中國徵收的關稅，為美國窮人解困。美國新任財政部長耶倫說她暫時不會解除中國貿易戰所制定的關稅，她使用「暫時」一詞就清楚地說明貿易戰有必要重新審查。

是的，中美貿易戰特朗普是失敗了。是兩敗俱傷，傷了中國也傷了美國，關稅的真正支付者最終是美國人佔大比例，美國今天失業問題嚴重，還得為關稅而多付錢，因此，關稅肯定是遲早廢掉的事，這肯定有利於中國的工業股、出口股。

金融戰或暫告一段落

特朗普在臨離任前，接二連三地下令禁止美國人投資這隻那隻中資股，如此做的目的只是為拜登帶來暫時麻煩，拜登一上任如果馬上解

除這些禁令，就會被指為「向中國跪低」。對美國投資者而言，特朗普的禁令影響到的中資股還不算多，其中部分更已提出覆核，挑戰禁令。因此，站在拜登的利益、立場，特朗普已下的投資禁令暫時讓法院去處理一切的覆核，同時向市場發出清晰的聲音，將來不會如此胡亂地下禁令。否則，美國的整個金融市場就會因這些禁令而玩完，今後再難吸引中資企業前來上市，紐約這個國際金融中心也會拱手讓給香港。

有趣的是，因應特朗普的禁令，美資一輪沽售之後，竟然吸引了中國大媽來買，是沽售壓力強，還是大媽購買力更強？估計拜登很快地就會出來糾正這個禁令，這類的禁令不但打不死這些中資企業，更累得美資企業不得不於低位沽售這些股票，現在，特朗普走了，相信不會再有新的禁令了。

前陣子，禁令接二連三發出時，人人興高采烈的炒作港交所（0388），人人認為，美國的禁令會使到正在美國上市的中資股轉到香港來第二上市，甚至取消在美國上市，到香港來第一上市，港交所是最大的得益者，港交所股價也就由300多元升上400元，再升上500元，如今特朗普走了，新的禁令沒有了，正在美國上市的中資股還來不來香港？

美頻發禁令　港交所得益大

我相信還是會來的，來香港的目的是多撈一筆錢，實際上，過去不來香港的主因是因為香港的上市條件比美國嚴，香港上不了市才到美國的，數年前阿里巴巴（9988）就是先申請到香港上市而不成功，才轉到美國上市，讓美國投資者賺了第一桶金。到香港上市並不是單單來賺香港的錢，也賺中國大媽的錢，這些巨無霸一到香港上市，很快的就進入港股通的名單。

科技戰難說得準

科技戰比較複雜，特朗普以國家安全為由打科技戰，美國的眾多盟國也同樣以國家安全的理由與中國打科技戰，估計拜登不會背棄這些盟國，因此，華為、中興（0763）、中芯（0981）……相信還得面對美國及其盟國的打壓，幸好，2020年12月中共中央經濟工作會議中為2021年定下的八大任務中，全力推動科技企業是八大任務中的首要任務，因此，在中央努力支持之下，中興、中芯……也應該站得住，並有所發展。

1.11 股災日子未到

一踏入2021年,恒生指數在不足一個月的時間內急升3,000點,逾10%。不過,恒指成分股並非全面上升,狂升的只是個別股份,實際上並不多。不過,狂升的個股升幅驚人,而且是權重股,才導致恒指如此急升。

其中,最令小股民意想不到的,顯然是騰訊控股(0700)。騰訊股價在不足一個月內上升200元,由560元升至760元,騰訊是恒指重磅股之一,如此升法,恒指也就升了。

另一隻恒指成分股是港交所(0388),升幅也逾30%,難以想像傳統大藍籌,就像二三線股那樣急升。

很明顯的,單單靠數隻恒指重磅股的上升,就能推動恒指急升,操作者自然是實力很強的大戶,他們正在狠狠地挾期指淡倉。

2020年底，特朗普輸了美國總統選舉之後不認輸，做了很多動作企圖翻身，市場也就很擔心會出現「黑天鵝」或「灰犀牛」；在這樣的背景之下，自然有很多人沽空恒指期貨。結果，這批人在這場戰役中，最少損失了3,000點。

內地資金大挾淡倉

這場挾淡倉的主力，應該來自內地。近來一段日子，香港股市的日均成交可以創出3,000億元的紀錄，「北水」洶湧而至，很集中地買入ATMXJ這些熱門的科技股，多隻新股上市都炒瘋了。

看到股市如此狂熱，少不免也會有不少聲音說股市很快見頂了，大股災就快來了。

當然，股市不可能只升不跌，但是過早擔心大股災而過早止賺、鎖定利潤的結果，往往是不必多久又再重新投入股市，以更高的價格買回之前賣掉的股。

筆者認為現在應該離大股災還有一段日子，過去許多次大股災前夕，二三線股及垃圾股一定炒爆。

但是，目前甚至連大藍籌股仍未全面上升，以1月25日為例，當日恒指急升711點，但是恒指成分股中，下跌的股有34隻；上升的股有18隻，下跌的股較上升的股多，而且恒指急升，說明了股市仍然遠遠未到全面上升的局面。

除了騰訊及港交所外，其他急升的股多是科技股。

科技龍頭各領風騷

此外，中央說要規管科技企業出現的管制問題，這使到科技股面對一定的壓力。

但是，壓力正慢慢地消化了，理由是投資者相信，今日中央已不再會隨意而行，以行政手段打壓民企；今日中央要管制，相信會透過法律來處理。在規管的同時，相信中央又會很努力地推動民企在科技上的投入，管制與鼓勵是必須尋求平衡。

而且，目前這些科技龍頭在科技上的開發，會是最尖端的科技，比如阿里巴巴（9988）的雲端計算；騰訊的自動駕駛軟件的開發；內地在5G通訊科技領先全球，也必然會全力開發5G通訊的應用。

自動駕駛就是其中一項重大的方向，現在連美國的蘋果公司（AAPL），都說要生產 i Car。

Chapter 02

了解國策

十四五規劃
以雙循環發展

2021年是中國「十四五」規劃的開始，十四五規劃以雙循環為主，其中內循環是最重要的新國策，在內循環支持之下，中國A股是時候起飛，A股中又以新經濟股為主的創科板為強中之強股份，創業板指比深證成指強，深證成指又比上證指數強。

A股上望空間比港股大

不過，A股個股的資料香港傳媒報道不多，因此，比較理想的作法是投資ETF，如南方及安碩兩隻A50 ETF（2822）（2823），也有華夏滬深三百ETF（3188），這3隻ETF於2020年的表現遠遠跑贏盈富基金（2800），2021年在內循環的國策帶動之下，表現會更好，不要忘記，目前的A股與2015年大時代時

比較，還差得遠，與2007年港股直通車時代比較，就差得更遠，這說明A股向上望的憧憬會比港股強。部分內地企業會到香港上市，但是也有部分不來香港上市，以茅台（600519.SH）為例，過去4年股價上升10倍，絕對比騰訊（0700）這類的股王更強。

受美打壓中資股趕赴港上市

換另一個角度看，今日香港上市的股份中，港資企業與內地企業股價的走勢也同樣是強弱分明，恒生指數之所以至今仍表現一般，其中一個原因就是依然保存大量港資企業。畢竟，14億人口的市場一定比700萬人口的市場強。

而仍未面對除牌壓力的中資股，也會加快加入「狡兔三窟」的布置，前來香港上市，可以說，2021年，香港的上市新股會非常熱鬧，再加上恒生指數公司在2020年底宣布恒生指數將進行改革，新上市公司可以很快加入恒指，第二上市的股份在恒指的比重也可以增加，這些改革會吸引更多有分量的中資股，不論現在是否還在美國上市，也會來到香港上市。

正確解讀
中央經濟工作重點

緊接着政治局會議之後，中共中央經濟會議也於2020年12月召開了，會議提出8項重點任務，香港一般傳媒則只是抓住其中一點大事報道，那是「強化反壟斷和防止資本無序擴張」，焦點當然是針對那些龍頭科網股。不過，防壟斷與防資本無序擴張只是8項重點任務中排在第6項的任務，中國政府做事，輕重有分，因此我們也不必過度緊張，解讀排行第6的經濟工作任務。也許，更應該試圖從排在首3項的工作任務中尋找投資機會。

首位：強化國家科技力量

2021年中央經濟工作重點任務排首項的是「強化國家戰略科技力量」，第2項是「增加產業鏈供應鏈自主可控能力」，第3項是「堅持擴大內需這個戰略基點」。

很明顯的，中國政府認為將來拜登政府也會與特朗普政府一樣與中國打科技戰，因此，必須強化中國的科技力量，不能再依賴美國及其西方盟國，因此，2021年經濟工作重點的第2項任務「增強產業鏈供應鏈自主可控能力」，實際上是與第1項任務是互相呼應的。

美國打壓行業　中國支持

從這個角度來看，芯片企業、電子零部件、5G、雲端運算，所有被美國列入打壓對象的行業，都會是2021年重點支持的行業。當然，有關的股份，一方面面對美國打壓，另一方面獲得中國政府支持，最終股價是升是跌，也的確不易估計。

擴內需　持續進行

而2021年經濟工作的第3個項目則是重複已經推行了兩年的任務，即擴大內需。那就是說，不論拜登打不打貿易戰，擴大內需的工作都會進行，目的是全面改變中國的經濟結構，以出口為主的經濟結構改成以內需為主，因此，內需股在2021年依然有炒作的空間，不要過早放棄。

如果把上述3項任務合併起來，就構成了另一個重大的新概念，即「需求側改革」。

2.3 中央政治局會議提兩大新概念

每年12月，中共中央會召開經濟工作會議，而工作會議召開前，政治局會先開會，為經濟工作會議提供議題，政治局的會議議題很廣，經濟是其中一項。2020年12月初，政治局開了會，會上有關經濟的課題中，有兩項是首次提出來的概念，所有的投資者都應該作更深入的了解。

需求側改革

第一項新鮮議題是「需求側改革」，過去幾年，「供給側改革」翻天覆地地改變了中國全國的供給模式，大量產能被砍掉，對股市的影響巨大，現在「需求側改革」也將在今後數年大大地影響中國的經濟結構及股市的焦點。「需求側改革」是指要確保重要產品的需求

供應鏈的安全，這與不久前提出的「內循環」是互相配合的。之前我也已經指出，「內循環」絕對不是簡單的推動內銷市場，而是要確保內循環的整體供應鏈無缺。

過去幾年，中美科技戰暴露中國高端科技企業的短處，供應鏈容易被敵對國家卡卡脖子，於是衍生出今日的「需求側改革」。今後數年，中國政府會很認真的檢討多種重要產品的整條供應鏈，進行補短板、增產能及在科技上的研發，這會衍生出許多新行業，許多新股會上市集資，現在高科技企業，包括已上市的企業也會得到補貼、資助，芯片股應該是其中最重要的焦點。

新議題：經濟安全

第二項新鮮的議題是「經濟安全」，這是在國家安全的大課題之下的三部曲，即「以人民安全為宗旨，以政治安全為根本，以經濟安全為基礎」。

在經濟安全的課題之中，首次提出要「強化反壟斷，防止資本無序擴張」。很明顯的，近期發生的要求監管金融科技，反互聯網平台壟斷，及螞蟻集團上市叫停等等事件，實際上就是在提早執行之前政治局的決議。

從樂觀的角度來看，監管金融科技、反壟斷不是打壓，而是提供更多的競爭機會。

中國有條件
推內循環

2020年內地國慶黃金周巧逢中秋,使到黃金周變成8天。宅在家多時的許多內地人趁着疫情受控,紛紛舉家外出旅遊。海外疫情依然嚴重,因此,旅遊地點就在國內,有報道指有6億人次出遊。

推動內循環需人口多

6億人是美國加西歐的人口總和,中國內地的內循環經濟發揮了巨大的作用。

印度也有13億人口,但是疫情持續惡化,至今無力發揮內循環經濟的力量。

要開展內循環經濟,有兩大必需的要素:一是有足夠多的人口,而且必須是足夠多有消費能力的中產階

層。印度人口多，但有消費能力的中產階層不夠；歐洲先進國家中產
階層人口比例高，但是人口不夠多。因此，全世界符合這個條件的國
家，只有中國與美國。

需完善供應鏈

第二個要素是完善的供應鏈。與美國比較，中國的供應鏈比美國更
強。今日，全球企業都走向全球化，產品零部件生產分散於世界各
地。而且，中國的生產供應鏈最好，除了一些高科技的零部件如芯片
的生產能力較弱之外，衣食住行的生產都沒有問題。中國大量從美國

買入農產品並非中國的糧食供不應求，而是中國政府在中美貿易戰上所決定的談判戰略之一。同時，多進口也可以改善國民的飲食條件。近來，中央及各地方政府已經開始推行「不浪費食物」運動。

完善生產供應鏈，令中國在中美貿易戰中能屹立不倒，也是對美貿易順差不因貿易戰而倒退的重大原因，美國則做不到。美國向中國產品加徵稅的結果是加重了美國廠商的成本，因為來自中國的零部件加價了。特朗普有自知之明，兩年多的貿易戰一直都沒有涉及來自中國的美國人最終的消費品，這些產品都沒有加徵關稅，否則，最終受害者是美國老百姓。

港澳需融入內循環

當然，能推動6億人出遊，最重要的條件是疫情受控。舉例美國、歐洲各國也每逢年尾迎來聖誕、新年的長假期，如果疫情還在，有多少人會因長假期而自由地外遊？情況不樂觀。因此，中國要推動內循環，疫情繼續受控是最主要的先決條件。疫情受控，生產才能繼續，消費才能增加，研發才能更進一步。秋冬季的到來，不少病毒專家都認為當氣溫下降時，新冠肺炎病毒的傳播能力會加強，不可不防。

香港、澳門都是彈丸之地，人口也不夠多，經濟復蘇條件之一，就是盡快融入內地的循環。今日內地各省市民眾已經可以自由往來，香港也應該盡量爭取早日與內地通關。至今為止，香港與內地邊境無法重開，這考驗特區政府的管治能力。

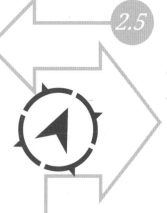

內循環
不是只鼓勵消費

「內循環」與「雙循環」是一個中央會執行多年的長期
計劃，投資者必須好好地學習解讀真正的內容。

有些人一聽到「內循環」就想起「塘水滾塘魚」，認為
是錯誤的閉關自守，也有些人認為所謂「內循環」，不
過是鼓勵消費，要消費就需要錢，錢從何來？更有趣
的是近日國家主席習近平公開批評中國人在餐桌上浪
費食物，人大法工委也會研究立法防止浪費食物。於
是，又有人覺得中國政府一方面想鼓勵消費，另一方
面又不准浪費食物，豈不矛盾？

很明顯地，許多人對這個新的政策大方向有了錯誤的
解讀。

擴內需不是鼓勵浪費

是的,「內循環」包含擴大內需。中國內需佔GDP的比例低於西方先進國家。因此,擴大內需的確可以擴大GDP,提高整體生產力。不過,擴大內需不是簡單的鼓勵消費,更不是鼓勵浪費。一些西方經濟學家的確把浪費,甚至把自然災害也當成能增加消費的好事,他們認為地震、水災、風災之後就出現了災後重建的機會,重建帶來消費、就業機會。這個理論只有像美國這種可以無限量亂印鈔票來花的國家才有似是而非的效果。實際上,若政府想進行基建,沒有地震、水災、風災也可以投資於新的基建。新的基建可以促進經濟更進一步向前發展,而不是只是單單讓無家可歸的人得到安置。也就是說,浪費式的擴大內需是莫名其妙的理論,這好比聘用100人在地上挖洞,再聘用100人把這些洞填回去一樣的歪理。

加快發展新能源

中國並不是打算閉關自守。因此,「內循環」要配合「外循環」而形成「雙循環」。不過,首先得把「內循環」搞好。所謂循環就是一個完整的產業鏈、消費鏈,從原料到生產到最終消費的整條供應鏈。「內循環」並不是單純地增加供應鏈最終的消費,而是完善整條供應鏈,盡可能做到整條供應鏈自給自足。這是因為面對美國來勢洶洶的各式各樣的

封殺、制裁而不得不如此做。美國不提供芯片，就得自己研發生產芯片，中國糧食、能源不足，就得減少浪費食物，提高糧食生產技術以增加糧食生產。也得加快發展新能源，包括核能、風能、光能、水能⋯⋯

在完善產業鏈的過程中就是大量的投資機會，所以說「內循環」絕對不是簡單地理解為消費、基建投資，特別是新基建的投資更是重要，也是未來中央經濟政策的大方向。

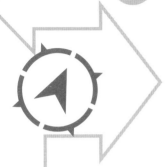

內地非打壓網企

緊隨着管制網上金融平台的《意見書》出台之後，另一份管制互聯網壟斷的《意見書》也出台了，管治網上金融平台的《意見書》出台之後，螞蟻上市叫停，管制互聯網壟斷的《意見書》出台後，絕大部分的網股股價都大跌，《意見書》出台前一日，美國輝瑞製藥宣布其研發的新冠肺炎疫苗第三期臨牀試驗效果良好，這則信息也使到全球網股，包括在美國上市、香港上市的網股股價都下跌。

網股玩完了嗎？還沒有，網股的調整，只是之前股價升得太急，現在找到了個藉口調整調整，在適當的調整之後，應該仍有上升的動力，上述兩份《意見書》是當局正常的規管，不是要打壓網企，疫苗的出現更不可能動搖網企的前途。

只是把螞蟻網貸列入正常規管

目前，螞蟻的網上平台做貸款生意，不受銀行貸款條例的規管，因此，也可以說對銀行不公平，因此當局發出了一份《意見書》，建議像規管銀行那樣的規管網上金融企業，這只不過是準備將螞蟻集團納入正常的規管，不是要封殺螞蟻，螞蟻現階段不上市是好事，總好過上市後才宣布新的規管方法令股價下跌，導致大量小股民因此受損。而反壟斷的規管，同樣的也是正常的規管，中國早已有反壟斷法，只是網上平台是新鮮事物，過去不知道該如何監管，現在開始準備規管，絕對不是要打壓這個行業。

監管讓行業更合規健康發展

開始的時候，中央政府是本着歡迎創新的態度默默地讓各種各樣的網站自由發展而不監管，否則，阿里巴巴（9988）旗下的支付寶早在第一天就應該算是犯了法，犯了沒有銀行執照而經營銀行業務的罪。現在，多家網企成長了，規模大了，是時候開始監管，記住，這不是甚麼壞事，監管是讓整個行業更合規健康發展，絕對不是打壓。

疫苗的出現更不可能打壓網企的生意，有人也許認為疫苗出現之後，少了人叫外賣、少了人上網購物，我相信不會少，上網叫外賣，上網買東西已成了新的生活習慣，甚至有些企業會從此長時間地讓某些工

種的員工從此不必上班，在家工作，上網開會，實際上在家上網工作的效益可能比上班工作更高。

疫苗出現　不可能打壓網企生意

公布最新業績的聯想集團（0992）盈利就創出歷史新高紀錄，此前，聯想股價也一度因為輝瑞的疫苗訊息公布而急跌，理由就是擔心疫情過後，人們不再在家工作，聯想的私人電腦業務會受打擊。不過，在輝瑞疫苗消息公布之後的雙11，聯想的銷售額破紀錄，個人電腦在每個家庭已發展到每個家庭成員都各自有一部專屬於自己的個人電腦，與手機相輔相成，並不互相衝突，更何況，聯想從美國收購回來的摩托羅拉手機業務也已轉虧為盈。

+12.32%

+41.87%

Chapter 03

新經濟股
繼續高飛

新經濟股
全球投資重心

新經濟股是現在全球投資重心。舊經濟股並不是差，而是市場短炒的人太多，短炒的人的目的是要快速地能賺錢，要他們持有股票一段時間並收息不是他們的目標。市場想收息買股票的人少了，和2018年出《亂局》時的市況不同了，2018年時是貿易戰，要避險，要避開貿易戰，所以實實際際買一些股票來收息。

現在的科網股有盈利

今日的科網股和2000年的有甚麼不同？

2000年炒到爆破，今時今日會炒到爆破嗎？都有可能的，但相信不會如2000年般慘重。2000年是很慘重的，一元股票可以變一毛，跌99%。今天的騰訊很難由700元跌至7元，機會是非常低，因為騰訊真的能

賺錢，騰訊的市盈率也不是十分高，不是幾百倍，是在20倍左右，這代表了每股騰訊真的賺到數十元回來，那麼股價不會跌低於其盈利，PE要跌低於一倍機會不大，除非公司出現很大問題，否則如果公司能賺一元，股票很難會跌低於一元。

這些情況證明現在和2000年不同，因2000年科網時代剛開始，很多股民投資入去，是博很多科網企業將來賺錢，但這些企業未必能賺錢，也實在沒有錢，所以科網泡沫爆破。目前都有些類似情況，就是在生物科技股，大家要留意。

2000年美科網股爆累全球

2000年美國科網股爆煲，導致全球經濟衰退了好幾年，也連累了香港，特別是樓價，2003年的所謂「沙士價」已成了經典名詞。

今日的新經濟企業與2000年的科網企業，本質上的確已經不同了，當年的科網熱潮之所以爆破，最重要的原因是當年股價被炒高的科網企業，實際上仍然找不到如何賺錢的商業模式，只能夠不斷地燒錢、花錢，把從股市籌回來的錢花掉，花光了，企業也倒閉了，許多人的投入化為烏有，許多人因此而失業、破產……連鎖反應之下，全球經濟衰退。

手機通訊科技三級跳

今日的情況已經不同，今日的人類已經開始生活在新經濟的環境中，今日，很難想像一個人可以生活在無手機的環境中，手機通訊科技三級跳，的確改變了人類的生活模式。當年科網熱潮之所以無以為繼，原因就是手機科技無法突破，科技的局限限制了科網的發展。

今日，人類已經從4G進入5G的通訊生活，中國的北斗衛星全球定位系統已可媲美甚至可取代美國的GPS定位系統，在中國內地、在香港，新經濟正方興未艾，絕對不會受到美國新經濟股股價大跌而影響

進程。如果美國繼續在5G通訊中落後於中國，數年之後，美國的新經濟股的確可能面對瓶頸的問題，落後於中國的新經濟股。

說5G只是一個開始，是的，不少人對5G的認識止於5G手機通訊速度，知道以5G下載1部高清電影只需要1秒，而4G可能得用上半小時，如果5G只是用於手機下載電影，那麼，特朗普也不會如此緊張地要封殺中國的華為與中興通訊，這兩家5G通訊上領先美國，甚至領先全世界的企業。

5G比4G快100倍，也比4G更穩定、更清晰，用途絕對不止於看電影，將來另一個更大的用途會是無人自動駕駛的汽車、飛機、直升機、送貨、物聯網、大數據分析、人工智能的各種各類的辨別，到那個時候，人類的生活會出現另一次的巨變。

當所有的汽車都自動駕駛時，比人駕駛還安全，司機消失了，多數人也不需要擁有車，家裏、屋邨的停車場已經不需要了，超小型自動駕駛飛機、直升機會出現，航空業會全面改觀，今日的航機將來會是空中送貨機，今日的互聯網將來成為物聯網，任何人、任何東西，瞬間就可以知道在哪裏……

上述一切的研發，都在進行中，因此，新經濟、5G的生命力是頑強的。

具潛力的
新經濟股的特質

32

自從恒指公司宣布成立恒生科技指數，及正式決定把
3隻新經濟股加入恒指，同時剔除3隻傳統舊經濟股
後，新舊經濟股的走勢差距越來越大，恒指已經缺乏
代表香港股市、香港股民興趣的內容，人人在熱炒新
經濟股。

甚麼是新經濟股？新經濟股就等於科技股？美國道指
也做了調整，也是剔除3隻舊經濟股，然後加入3隻
新經濟股，值得留意的是，世界最大的藥廠之一輝
瑞（PFE）也在剔除名單。輝瑞不是高科技藥廠嗎？
過去許多年，曾經擁有多種銷情一流的專利藥物。也
許，道指公司要的新經濟股是生物科技企業，是研究
DNA、動植物遺傳學的科技，而不是傳統的製藥。香
港有許多自稱生物科技公司上市，到底是真正的生物
科技還是只是傳統的製藥廠？如果只是有專利的製藥
廠，談不上是生物科技。

料更多人工智能企上市

正被特朗普封殺的 TikTok，科技含金量應該也不高，TikTok 在美國成功之道是有能力吸引1億名美國用戶，是依靠成功的推廣而不是高超的科技，因此，TikTok 是含金量不算高的新經濟股。

5G 就是真的比拼高技術，但是，將來真正能賺大錢的不是提供 5G 通訊、5G 基建的企業，而是 5G 應用。暫時而言，5G 應用只限於手機下載速度更快罷了，如果只是為了手機下載更快，不必投入那麼多錢研

究5G，將來5G的應用會是自動駕駛的汽車、直升機，是大數據，是物聯網，是瞬間尋找任何物品與人的人工智能。這等等的應用，皆只在起步的研究中，將來肯定有更多人工智能企業上市，構成另一代的新經濟股。

新經濟股是高增長股

看看股神巴菲特，他買入蘋果（AAPL）也已經幾年了，其間只有增持，沒有減持，蘋果股價在這段期間也不是只升不跌，對信心不強的人，股價調整時是考驗信心的日子，股價升的太急也是考驗信心的日子，他們不相信股價可以升至自己也不相信的水平，因此，升得急也會產生沽貨的心理壓力，想預先鎖定利潤。

新經濟與舊經濟比較，最大的差別就是增長速度，也因為高增長，所以享受高P/E。但是人類始終不能脫離舊經濟，我們依然要有屋子住、有衣穿、有飯吃。

3.3 以PEG找出 優質新經濟股

投資者對新經濟股的熱愛,令新經濟股變得一點也不便宜,因應炒作,市盈率(PE)變得高,然而每到業績時期,投資可因應業績重新檢視,檢視一下所持有股份是否優質。業績公布後,在ATMXJ中,除了美團(3690)PE還是頗高之外,其餘的PE都是20至30倍左右,相對不貴,而且他們還是增長仍然很高的企業。

舉個例子,騰訊(0700)最新的PE是30倍,其業績增長70%,令人想起騰訊在2018年時曾經是470元,但同一年跌至250元,當時為何會發生?原因是當時騰訊股價在470元,業績增長70%,PE達到70倍,但後來公布的業績沒有維持70%增長,最低時只有

20%增長，所以PE跌至25倍，股價只值250元，但現在騰訊又回復70%增長，但PE還未回到70倍，即較以往便宜了一半，所以這是其中的方法去判斷新經濟股的平貴水平。

PEG愈低愈好

我們也可以用同樣的方法評估其他新經濟股，看看其業績增長和PE比例，新經濟股的PE可以很高，但如果能維持高增長率，也是值得的。我們也可以用PEG（市盈率相對盈利增長率）比較，到底PEG是等於1還是少於1，PEG愈低愈是好事，好像上述的騰訊，PE是30倍，盈利增長率是70%，即PEG是約0.43，是好的比率。

新經濟股超乎想像

新經濟股的另一重點，就是他們的概念可以是非常新的，新至你沒法想像，新至市面上還沒有見過的東西，新至你沒法知道將來會發展得如何，例如車便是一個例子。很多企業現在都說要造車，但最終有哪些能真的成事沒有人知，而我說的造車，並不是說好像Tesla（TSLA）那樣做電動車，電動車已經不是新事，現在說的是無人駕駛技術，現在很多車廠都在同一條起跑線，就要看看之後何者跑出，對投資者選擇投資的企業來說，也很考大家眼光。

暫時也未知誰會跑出，蘋果公司（AAPL）說要造 iCar，騰訊（0700）、恒大（3333）及小米（1810）也說造車，更未說到現在已經是造車的車企。面對這種情況，各位投資者切勿高追，要分散投資，如生物科技股也有這個情況，結果有一些將 IPO 所集得的資金用完後便無以為繼，幹不成一番大事。所以面對這些情況，我們要分散投資，只要其中一隻跑出升值 10 倍，其餘 9 隻輸都可能沒有大問題。

現在推出了 5G，才有這種無人駕駛的概念，因為 5G 令自動駕駛更可靠，撞到人的機會比較低，甚至比起有人的駕駛更為安全，人的反應不及電腦，目前 4G 速度慢，用 4G 駕駛危險，但 5G 就可以處理到相關技術需求。

大家要記住，新經濟股是會調整的，但不用擔心，新經濟股離崩潰還好遠，市場有過度恐慌源於多了很多新手投資者湧入新經濟股，也許他們一無所知，當騰訊由 700 元跌至 600 元，就以為是世界末日，不知道早一年其實騰訊才 500 元，即是即或跌至 600 元，仍是高於去年的價格，仍有很多投資者是在賺錢的。而舊經濟股表現最好的那些，也最多只是回復至疫情前的水平，有些更是未重返疫情前的水平，所以新經濟股仍穩健，不用擔心已經炒完。

3.4 ATMXJ 強者愈強

今天的世界會出現強者愈強這個現象，但是與此同時，中國、美國、歐盟，幾個大經濟體開始覺得，不能讓這些強者太過強，因為會壟斷，會對二線的科網企業造成大打擊，同時壟斷結果對社會經濟發展不是好事。

中共中央政治局的會議，的確把持有龍頭科網股ATM的股民嚇了一嚇，ATM股價也因而連跌兩天。還有，阿里巴巴（9988）和閱文（0772）更在中央政治局會議公告公布後不久，馬上因為收購合併沒有申請而違反了反壟斷法被罰款50萬元，50萬元是小事情，算是一項警告。

在反壟斷的工作上，中國政府實際上是沒甚麼經驗的，因此，我估計開始的幾年，手法會是相對溫和，主力是控制新的收購合併。收購合併往往是大企業走

向壟斷的一個快速方法，通過收購、與對手合併而壟斷市場，情況正如美國的facebook、WhatsApp、Instagram的收購合併，現在，美國政府也開始調查facebook的壟斷。對中國政府而言，反壟斷只是一個開始，只要這些龍頭股暫時停止、放慢收購合併行動，相信中國政府主動找這些企業麻煩的機會不大。

從另一個角度來看，龍頭股擴張速度放慢，也許是尋找二線優質科網的好時機，也是二線科網股上市的機會。

把科技納入監管

舉例如螞蟻集團，中國政府著實擔心，螞蟻集團再繼續發展下去，中國銀行（3988）、工商銀行（1398）、建設銀行（0939）、招商銀行（3968）四大國企銀行早晚會倒閉，因為螞蟻較傳統銀行更靈活，螞蟻用一元就可以做數元生意，螞蟻有很多細微借貸，一千數百也可以借，應以大數據進行分析，全以電腦分析執行，這些都是大銀行做不到的，大銀行要以職員們審批，要花時間，所以傳統銀行更難跟螞蟻競爭。所以中國要出反壟斷條例，目的要將螞蟻納入管制。

同時，科技是很新的事，新至沒有法律管制。而且法律管制在不同地方不同，例如香港，如果沒有法律管制的，不可以做，例如螞蟻要在香港營業，要拿牌照，拿不到即不可以做；但在內地正好相反，任你做的，螞蟻實在是在經營銀行的業務，但沒有牌照，不受監管，銀行

受條例監管，要備有準備金，要報備央行等，但螞蟻這些都不用。但目前內地推行反壟斷，不是要把螞蟻弄死，而是要將螞蟻納入管制，將螞蟻當成銀行，要他們同受跟其他銀行一樣的管制。中央叫停是要監管，以免其強至市場只剩下他一間。

美國Facebook（FB）收購Whatsapp及Instagram，本來後兩者是其競爭者，但FB把其收購，要等下一個競爭者。下一個競爭者是誰？就是Tik Tok。Tik Tok的崛起本來應該受美國鼓勵，因為有競爭者對市場好，但由於Tik Tok資金是來自中國，所以美國才出招，要把Tik Tok弄死，以免中國壟斷社交媒體市場，美國硬要Tik Tok接受被收購，所以前面還是未知之數。

快手或加入成霸主

ATMXJ是目前最強的，不過快手（1024）剛上市，也有一萬億市值，會否快手也加入成為霸主，這未可知，但ATMXJ已有盈利，但快手未有，未來還有一隻百度（9888）。兩三年前，情況不是這樣，當時美團（3690）還在蝕錢，最耳熟能詳的最強新經濟股是BAT，當中的B就是指百度，百度是一隻強勢的股，不過這些新經濟股會互相競爭，百度目前在美國上市的市值，低過其餘兩隻股票。就好像好多年前，最早最早這些最勁的中資個股叫Yahoo，但Yahoo做不下去，雖然他是最早的搜尋引擎，但Google已經取代了他，所以這些股份之間的競爭大，

Yahoo今天的搜尋器的受歡迎度,可能也比不上百度。未來會否有新的類似的企業出來?會的,尤其中國政府反壟斷,最近Tik Tok也和騰訊(0700)打官司,告騰訊壟斷,雖然很瑣碎,說的是數百萬元的官司,可見將來會繼續有這些官司,每一間科技大企業似乎都有一些官司進行中,這就是反壟斷的作用。

ATMXJ業務多而廣

ATMXJ值得留意,預計在未來一段時間會繼續維持最強,因為他們不是只有單一業務,他們是多元性的,如阿里巴巴有很多業務,有淘寶,有天貓,有阿里健康(0241);京東(9618)也有京東健康(6618)、京東物流;小米(1810)也說造車,自動駕駛;騰訊也不只是做遊戲,富途牛牛騰訊也有持有,所以不是做單一行業的這個因素很重要,因為就算中央要規管他們的其中一塊業務,他們還有很多其他業務可以繼續發展下去。

京東PE較低

京東的強處是P/E值低,ATMXJ中以京東的P/E值最低,僅18倍。購買超高P/E值的股,最大風險就是那家企業的增長速度突然慢下來,股價向下調整的幅度就會非常驚人,3年前騰訊由470元向下調整至250元,理由就是騰訊的盈利增長突然放慢,無法支持當時的高P/E。

圖表3.41　阿里巴巴（9988）股價走勢

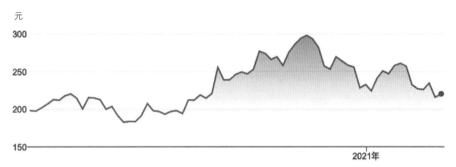

圖表3.42　騰訊（0700）股價走勢

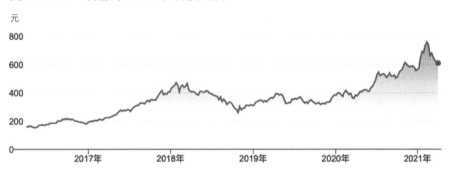

圖表3.43　美團（3690）股價走勢

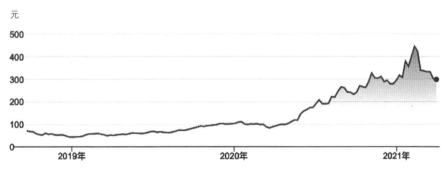

圖表3.44　小米（1810）股價走勢

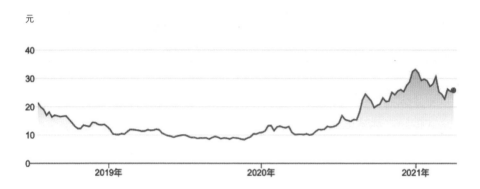

圖表3.45　京東（9618）股價走勢

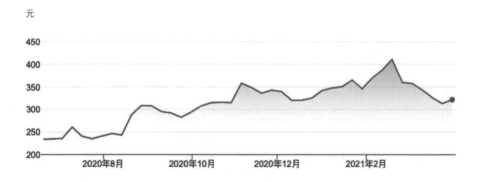

無懼反壟斷
阿里多元發展

2021年，龍頭新經濟股如ATM的確可能繼續面對反壟斷的壓力。不過，我相信這三家企業仍然能高速向前發展。特別是阿里巴巴（9988）與騰訊控股（0700），不論是科技水平或是創新能力，都非常強大。

中央只針對阿里金融板塊

目前中央針對阿里的打壓，主要是在金融板塊，中央擔心阿里製造另一個金融危機、金融海嘯，因此先下手改革，通過將阿里的金融板塊，即螞蟻集團改組，以降低金融危機的潛在風險，但是，阿里還有許許多多其他的板塊，特別是雲計算，必定是中央要力保支持的項目。

美擬打壓阿里雲　中央勢保護

不久前，特朗普的幕僚已開聲說要打壓阿里雲，凡是特朗普要打壓的對象，必定是高科技項目，也必定是中央會支持的項目。

因此，我們絕對不能說中央要打壓阿里，只應該說中央要監管控制阿里的某些業務，特別是金融業務。現在，阿里的金融業務正在改組，如果如央行所建議的成立一家新的金融控股公司而國企有份入股，並掌握相當顯著的股權，問題就該解決了。

阿里旗下的螞蟻集團上市叫停，不過，阿里旗下的阿里健康（0241）上市至今，表現得很好。單是2020年股價又上升了154%，比起剛上市的京東健康（6618）強，不論是阿里健康、京東健康、或是平安好醫生（1833），應該仍未達到中央需要打壓的壟斷地位。

新經濟龍頭　趨勢仍向上

目前依然是新經濟股在領導大市，儘管波幅巨大，趨勢依然是向上的，而且這些龍頭新經濟股的業務範圍非常廣，風險也因此分散。

中央的反壟斷不會針對某一家企業，而是針對某一個行業，企業整體受到的打擊也就有個極限，不會無窮擴大，正如阿里旗下的螞蟻集團出了問題，阿里還有許許多多的業務不受影響。剛剛開始賺錢的阿里健康市值已超過3,500億，大過不少恒指成份股，半新股京東健康仍在虧損，市值達5,400億，已接近等於京東（9618）市值的一半。

目前，市場對新經濟股龍頭分拆出來的子公司寵愛有加，P/E值比母公司高許多，原因之一可能是分拆出來的子公司業務較簡單，大行容易進行分析。母公司業務多，不易分析，有一定的不明朗之處，使到P/E值比較低。無論如何，對長期投資者而言，較低的P/E值依然是比較好的選擇，比方說我會同時持有阿里與阿里健康，但是阿里的持股比重一定比阿里健康高。

2021年是內地推動科技發展年

2021年是中央的反壟斷年，但也是全力推動科技發展年。而推動科技發展更是比反壟斷重要，是2021年中央八大經濟工作任務中排第一位的任務。因此，只要保住不斷投入科技研發的力道，依然會是中央支

持的。馬雲講話是相當目中無人，不過，也只有能力過人之人，才能真正目中無人。

圖表3.51　阿里健康（0241）股價走勢

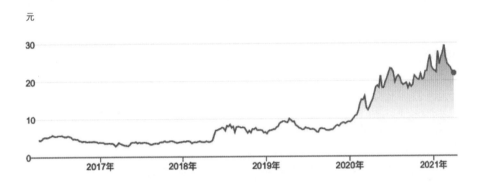

圖表3.52　京東健康（6618）股價走勢

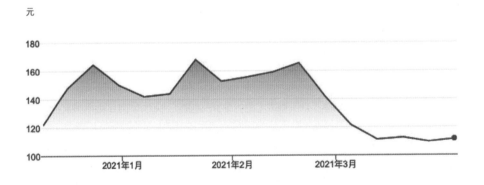

美封殺微信
是七傷拳

緊接着TikTok，特朗普在仍在任美國總統時也正式下令封殺微信，即騰訊的手機應用程式，蓬佩奧更說會大規模地清除來自中國的手機應用程式與雲端服務。

影響iPhone銷量

比較TikTok與微信，TikTok當然傷得比微信重。TikTok在美國有超過1億名用戶，幾乎佔美國人口一半；微信在美國的用戶只有一百多萬，微不足道，估計這一百多萬人多是在美國求學與工作的中國人。今日的中國人已經生活在不可能沒有微信的日子，特朗普禁止美國企業與微信做生意，打擊最大的應該是iPhone手機，如是，iPhone手機從此不能用微信，iPhone在中國的銷售量會一落千丈，因此，封殺微信是七傷拳，傷人傷己。

當時，有關TikTok的新聞佔據美國傳媒絕大部分的篇幅與時段，從這個角度來看，特朗普是很成功地轉移了美國人的視線，美國的疫情、種族社會問題的新聞被冷落了，疫情與種族、社會問題是特朗普選情中的弱點。

不少人認為，特朗普如此做，是因為選情落後。因此，以打擊中國來取分，來轉移美國人的視線。11月總統選舉之後，特朗普落敗後，中美關係就會改善，我認為這可能是一個錯誤的看法。相信現在拜登當選，特朗普之前對付中國的種種手法應該仍會保留，甚至加上另一些新的圍堵中國的手法。

美貫徹控制通訊

從華為、中興通訊，到TikTok、微信，以及將來仍會加入為封殺對象的企業，都是通訊系統的提供者，任何強大的國家絕對不會讓另一個「敵對國」控制自己的通訊系統，當年中國通訊系統技術落後，才不得不採用外國的通訊系統，但是也很努力地開發自己的系統。今日，中國的5G通訊、北斗衛星系統的技術有成，特別是5G通訊，已經超越美國。因此，華為、中興成了特朗普第一批打擊的中國通訊系統服務公司。

TikTok在美國盛行，特朗普會擔心TikTok收集美國人的資料，換成拜登，也一樣會擔心，美國至今仍沒有開展5G系統的建設，因為特朗

普連瑞典及芬蘭的Ericsson與Nokia也不放心，他已不只一次公開說希望美國企業全面收購Ericsson與Nokia，若不是將通訊系統牢牢地抓在自己的手上，特朗普就寧可不搞5G通訊，讓美國繼續留在安全的4G通訊系統，同時要求及贊助美國企業開發5G系統。

華為、中興遭封殺，怎麼辦？兩年多前，中興遭封殺，休克了，那是因為當時封殺來得突然，措手不及。之後華為與中興大手買入美國芯片，儲存未來一年的需求，同時努力地自己研究、開發。最近，中央政府更推出稅務優惠以鼓勵達標的芯片公司發展科研，部分大型的芯片公司的營業額、盈利皆創紀錄。中國大陸芯片水平比台灣及韓國、美國⋯⋯差。但是，在美國封殺的情況之下，中國寧可採用檔次較低的芯片。總之，產業鏈不能斷。

可留意的
二三線科技股梯隊

2020年尾的中共中央政治局開會,其中一項議程是反壟斷,特別針對互聯網平台的壟斷,除了反壟斷,也決定防止金融科技企業引發金融風險,政治局的這項決定,很明顯地對目前的龍頭科網股阿里(9988)、騰訊(0700)、美團(3690)都不利。

不過,金融科技肯定是中央鼓勵的新生事物,中央所擔心的是壟斷及引發金融風險,類似2008年美國金融海嘯那樣的風險,因此,應該不會主動打壓龍頭企業,而是盡力扶持二線三線的企業壯大,若從這個角度來衡量,非龍頭的二線、三線科技股會因此得益。

中國市場巨大,龍頭絕對吃不下整個市場,加上中央反壟斷,因此,把部份資金小額投入二線科技股當長期投資對象是可取的策略。當然,二線股短期炒作的人太多,因此,長期投資者不得不面對股價在30%的範圍內波動。

聯想神控具發展空間

論壟斷，屢被熱炒的小米（1810）、京東健康（6618）、阿里健康（0241）都不算壟斷，小米生產的手機，競爭者眾，小米憑價低質優勝出，小米也生產大量家居電器，包括科技含金量不高的產品，如電動牙刷，小米管理層曾自稱小米是山寨手機的老大，山寨貨當然談不上壟斷。

小米被投資者列為ATMX中的一員，但是與ATM最大的分別是ATM是互聯網股，小米是硬件的生產，過去，手機業剛剛在中國開始發展時，山寨品牌數以千計，經過多年的淘汰，依然沒有出現壟斷的局面，在中國市場，有中國的品牌，也有外國的品牌。

小米之外，另一個重要的品牌是聯想（0992），聯想肯定已是全球私人電腦的龍頭，但是，儘管是龍頭，也距離壟斷很遠，而且競爭的對手多是海外的品牌，更不可能受到中國中央政府的打壓，聯想是很優秀的中國科技企業，早年更是中國引進海外科技的功臣，當年收購IBM私人電腦業務，導致虧損了一段日子，之後成功把IBM放棄不要的私人電腦業務搞活，更主動放棄IBM品牌，成為當今世界第一的品牌，近幾年收購摩托羅拉放棄不要漸走下坡的手機行業，摩托羅拉手機的技術含金量很高，只是市場經營得不理想，同樣的，收購摩托羅拉手機業務後，也虧損了幾年，但是近年又再轉虧為盈，每一次聯想把收購回來的品牌，業務轉虧為盈之後，股價可以向上炒好一段日子，破頂又破頂，追回過去虧損時股價下跌的幅度。

今日，美國的蘋果公司（AAPL）股價創歷史新高，聯想的產品也算是
與蘋果同一類型，個人電腦的銷量更是世界第一，摩托羅拉的手機在
南北美洲依然很受歡迎。目前，絕大部分的新經濟股PE值都很高，股
息率非常非常低，但聯想的PE值依然只有11倍，股息率近6厘，在科
技股中、在新經濟股中，算是很突出的。

與聯想關係密切的一隻二線科技股是神州控股（0861），2020年中，
我留意到神州控股這隻股，在5元水平買入，並向大家推介，之後，
此股股價數度升上7元，不過，每次升上7元時，就出現巨大的調整壓
力。神州控股是二線科技股，主要業務有智慧城市與雲計算，競爭對
象就是龍頭老大騰訊、阿里及其他二線科技企業。

此股當日是由聯想分拆出來，近年大改組，專攻雲端軟件及智慧城市
的建設，神州控股是典型的二線科技企業，優點就是規模不大，可以

專攻某一個業務，並在這個業務上盡量做好，目前這家公司算是國企，但是發放大量的認股權給員工，希望員工更努力地把業務做好，股價上升，員工就可以通過認購股權而成為股東，享受股價上升的成果。神州控股2020年尾的股價正處於高位，比同年低位高了1倍。

二線科技股反受保護

自從中共中央經濟工作會議召開後，多隻二線的科技股炒起，二線的好處是暫時看不出會被中央列為壟斷企業，不會受到打壓，相反會受到保護，這些炒起的股包括建滔積層板（1888）、華虹半導體（1347）、中興（0763）、中芯（0981），不過其中一部分正面對特朗普的打壓，還得看拜登如何處理特朗普的打壓令，而且還需要耐心地等，因為拜登上台初期，要做的事太多，這些事不是急事，未必會馬上做。

炒科技股　要增加知識

現在炒科技股，還得設法增加自己的知識，投資市場中出現了大量新名詞等待大家消化，舉個例子，傳媒把明源雲（0909）形容為內房SaaS股，SaaS是甚麼？還有，神州控股股價之前急升的原因就是因為準備分拆DaaS到上海科創板上市，旗下的DaaS又是甚麼？科技股分工分類越來越細，想投資科技股也的確需要對這些新名詞有所認識，才

能預測不同技術的前途，否則，就只是跟大隊抽新股，賭一賭運氣，
抽中即沽，賺一餐茶。

圖表3.71　聯想（0992）股價走勢

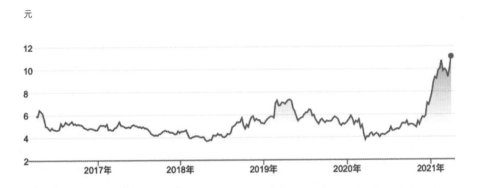

圖表3.72　神控（0861）股價走勢

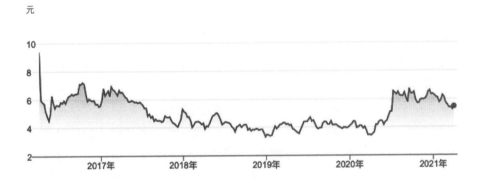

3.8 投資生物科技股要留神

生物科技股一度存在瘋炒情況，很多公司都未有盈利，但大家都瘋湧投資，買的是博將來有盈利，股價能大升。舉例一隻在2020年初上市的，IPO首天升了兩倍，100萬人申請，這間公司還未有盈利，但已升兩倍，投資者買入是為甚麼原因？是為了博將來會升值，而這間公司將來會否賺錢，是沒有人知。這間公司還未賺錢，那麼公司拿了投資者的錢來做甚麼？就是來研究，如研究結果是正面的，那就非常好。正如我兩年前買中一隻叫藥明（2269），真的升了很多，我也賺了以十倍百倍計。但這不代表所有生物股可以變成藥明，其實過去這數年，我只看中了一隻藥明，還有另一隻能推出疫苗的股票，只有這兩隻我認為可以，而後者其實還未賺錢，只是真的有疫苗推出而已。

巴菲特沽清輝瑞

大家要留意，最近美國股神巴菲特沽出全世界最大藥廠輝瑞（PFE），這間藥廠也是全世界首間推出疫苗的。這代表了甚麼？就正如我們的口罩一樣。去年的今天，周圍也找不到一個口罩，口罩炒上天價，大家也一罩難求，但到今天，周圍也是口罩，口罩價格也回落，疫苗也一樣。疫苗明年的今日，疫苗也可能是滯銷，賣也賣不出，因為全世界最少有一千間公司在製造疫苗，這就是巴菲特的遠見，他看事物很長遠。當一千間有一百間公司製造疫苗，製造的成本其實很低，貴是貴在研發過程，就正如今天的口罩，製造的成本很平，競爭大，也只能以成本價賣出。所以我對製造疫苗就是好消息有保留，會打折扣。

生物科技 VS 藥業

現在是科技的世界，生物科技股和藥業股已經是完全不同的範疇，前者是新經濟，後者是舊經濟，而且這些藥業股很多會愈來愈難做，因為中央規管藥業收費，也推出定額招標，中者全中，輸者全部得零，而這些藥廠因而大家鬥出價便宜，這些藥業公司過去集體定價，你出五百元我又出五百元，所以大家都有點生意做，但現在中央走招標制度，所以未能中標者可能只有倒閉，或只能再接中標者分下來的合約，利潤更低，不是沒錢賺，而是賺得很少。

不能孤注一擲

傳統藥業難以生存，取而代之是生物科技，這些股份同樣有壟斷特質，因為他們可以申請專利，只有我可以做，你不可以做，所以才會出現很多生物科技股未有盈利，但大家仍然熱衷去投資。我自己也有博生物科技股，但不要孤注一擲，很可能要每一隻買少少，才能買中一隻。因為我們作為外行人，沒有可能每一隻都了解，所以就只能每隻買一點，放在一旁觀察，但不是完全不理會到完蝕為止，可以觀察股價走勢，例如如果上市一年後，仍低於招股價，證明其研究沒甚麼成果，可以考慮沽出。

暫時而言，恒生科技指數不包括生物科技，但是生物科技肯定是中國未來發展速度很快的行業，每年大量的研發資金就是來自我們這些股民，有些跑得出，有些跑不出，是完全無法預測的。新股上市時大熱之選，超額數百倍也不一定是未來最強之選，買中或買不中的確只能靠運氣。散戶資金有限，因此我建議上市初期只持有1手、2手，有了盈利再增持。不要小看僅僅的1手，以藥明生物為例，3年多前以20.6元上市，1手500股，1手申請者中籤率達80%，中籤機會不小，現價161.4元，成本1萬元賬面利潤為7萬元。對小小的散戶，也算是不錯。

未有盈利藥股納入港股通

上交所與深交所於2020年尾宣布，6家仍未有盈利的藥業股納入港股通，相信今後會吸引更多內地未有盈利的藥業股來港上市，同時似乎也等於向投資者宣布對這6家藥業股將來可以獲利投下信心的一票，分別是啟明（2500）、亞盛（6855）、康方生物（9926）、康寧傑瑞（9966）、諾誠健華（9969）及沛嘉（9996）。值得留意的是，股價一度炒高12倍的康希諾（6185）榜上無名。

藥業股上市時多是無盈利的，給投資者憧憬將來某些新研發的藥成功上市，並獲得專利、賺大錢，有很強的賭味，我們沒有能力在一隻新的藥業股上市時預知其成功的機會，也許一家功成百家亡，我在上市初期買中藥明生物也只是運氣好，不是選股能力高。

白雲山轉型

傳統藥業股很難處理，唯一一隻還有可能博一博，是白雲山（0874），因為他可能會變身，變成賣涼茶，即是王老吉。因為經過數年官司，終於拿回王老吉經營權。王老吉原本由香港人推出，但知道要打官司，這個香港人也很聰明，就多弄一個招牌出來，叫加多寶，加多寶也做得不錯，真的可以跟王老吉競爭，未來就看銷售團隊，是否可以用王老吉取替加多寶。因為數年前，我真的在廣州茶餐廳叫一罐王老

吉，店員給我一罐加多寶，所以加多寶能夠取代王老吉，但始終王老吉是老牌子，還是值得考慮。

圖表3.81　藥明生物（2269）股價走勢

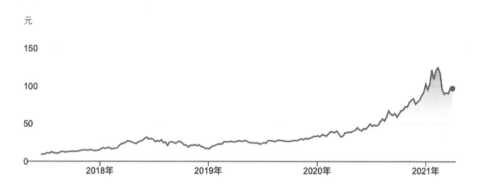

圖表3.82　白雲山（0874）股價走勢

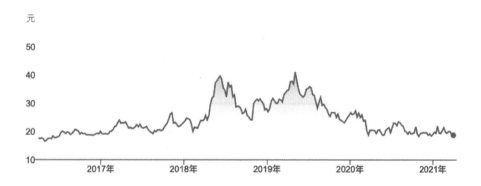

恒指改革
增新經濟比重

超過一年，新舊經濟股出現很大突變，但不論如何，恒指目前仍以舊經濟股為主，而恒指也在2021年初去到3萬點，所以表現不是很差。從曾氏通道可見，實際上和中間點仍有距離，上一次3萬點已是2007年，十多年前，其他如美股已一早創新高，及繼續向上，所以從曾氏通道看長期趨勢，恒指和其他國家指數比，仍相對落後，這相對落後最主要原因就是新經濟股和舊經濟股的分別。

投資者貪「新」忘「舊」

由2019年開始，市場對新經濟股興趣特別大，相對地舊經濟股便落後了，之所以落後，就是錢由舊經濟股搬到新經濟股。大家可以留意我在貿易戰開始時寫的書《亂局》，這本書就是叫人避險，買公用股，但你

看現在公用股已到期，例如中電（0002）當年90多元，現在只有70多元。但恒指又表現不錯，原因是騰訊（0700）這些新經濟股創新高。中電是沒有問題的，但市場想買一些可以賺錢的，一日可賺數個百分比，甚至數十個百分比，於是把資金，由避險股轉至這些他們認為股價有頗大上升潛力的新經濟股。

恒指成分股逐步增加

恒指這陣子每跌到3萬點又守住，之後開紅盤，恒指3萬點有一定支持力，不是很大問題。現在要看是恒指何時可以創新高，但一樣很重要的事是恒指改革，這樣才能令恒指創新高比較容易，因為資金全都在新經濟股身上。恒指要做甚麼改革呢？就是增加恒指股票的數量。恒指原本是50隻股份，後來加至52隻，未來會漸漸增加。這與過去數十年不同，過去數十年恒指是加一隻減一隻，但現在變成不是加一隻減一隻，我估最大原因是，他們也不知道該減哪一隻，因為如果隨便將一隻舊經濟股份剔除，可能會很大件事的，因為恒生指數公司管理層都未必好有信心，新經濟股能繼續維持，因為舊經濟股始終穩紮穩打，如果將舊經濟股逐步剔除，全換成新經濟股份，恒指變相成為了創業板指數，入面很多是創業板股般，會否變成如2000年般，炒作過後股份爆破，所以恒指改革變為有加沒減，可能未來會繼續加，加至80隻股份也不一定。而由於股份數量愈加愈多，原本舊經濟股佔恒指比重會愈來愈少，新經濟股份佔比會愈來愈多，例如京東（9618）、阿里巴巴（9988）、騰訊等。

恒指改革是恒指的推動力，令恒指升得快一點，所以恒指改革是好的。美國道指以前也是很保守的，後來也做了改革，加了蘋果（AAPL）及亞馬遜（AMZN）等等，令道指升幅也加快了。

資金先換馬帶來沽壓

基於恒生指數終於決定改革，將大量加入新經濟股，同時提高新經濟股的比重，因此，2021年恒生指數的表現應該會更好。不過，增新經濟股及增加新經濟股的比重，意味着現有舊經濟股的比重將下降，下降意味着有ETF被動基金會在恒指每一次加入新股時拋售現有的舊經濟股，理由是這些股的比重下降了，因此，近一段日子，已經有不少投資者趁恒指未大事改革、未加入新股之前預先拋售舊經濟股，一眾地產股、公用股、銀行股皆面對同樣的壓力，由於新股未加入而舊股已有人拋售，導致恒指本身受壓。

圖表3.91　恒生指數走勢

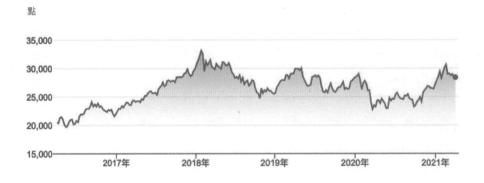

點

Chapter 04

舊經濟股
仍具價值

港交所
獨領風騷

拜登上台，中美關係看來有改善的空間，美國財政部已經將數家原本特朗普下令不許美資投資的中資上市公司的執行日期大幅度推後，耶倫也公開說暫時不會撤銷美國向中國徵收的關稅，這意味着將來會考慮撤銷。還有，商務部長在參議院聽證會上不答應共和黨議員要求的繼續將華為列為必須封殺的黑名單⋯⋯於是，有人擔心，過去幾個月盛傳會來港第二上市的、正在美國上市的中資企業還會不會來香港？

中資回歸港上市

答案是一定會來，理由是這些企業之所以想來香港，並非完全是因為受到特朗普的「逼害」，而是來港上市本身就是另一輪的集資活動，何樂而不為？過去，許多企業之所以放棄香港而到美國上市，是因為美國上

市條件比香港寬鬆，現在，香港修改了上市規條，以前不能上市的現在可以了，阿里巴巴（9988）就是一個最佳例子，因此，不必擔心港交所（0388）沒生意，港交所股價於高位出現調整，是可以趁調整吸納的優質股，除港交所外，券商股也同樣是各有吸引力。

恒指在2020年12月23日的26,077點起步，以一個月多一點點的時間升上30,191點，升幅達4,120點，然後，向下調整1,908點，調整幅度相對原來升幅高達46%，短期內也應該有相當的支持力了。一般而言，大型升浪的調整幅度是不應該超過61.8%，即黃金分割線，也就是說，恒指27,645點應該有很強的支持力。

大量在美國上市的中資股正在排隊前來香港上市，港交所生意好，前景肯定看好。有人可能以為拜登上場，中美關係比較緩和，在美國上市的中資股不會急着來香港上市，這是錯誤的分析，在美國上市的中資股來香港上市，主要原因不是為了特朗普，而是多撈一些錢，特別是通過港股通取得內地股民的資金。

港交所應響應SPAC熱潮

過去這些中資股沒在香港上市，不是不想來，而是港交所不讓他們來，現在港交所放寬了上市條件，在美國上市的中資股就會接二連三的來香港上市。還有，不要忘記目前的SPAC熱潮，大量富豪正在美國推動SPAC聚資，估計港交所遲早也會加入這個遊戲。

應研推HDR

今日深圳已成了中國數字科技的研發與實踐中心，世界上第一個由國家發行的數字貨幣在深圳試行，有5萬名深圳居民獲得每人200元人民幣的數字貨幣使用，相信這也會是人民幣走向國際的一個重要過程。現在仍無法知道這種技術會打擊支付寶、微信支付，還是相得益彰，使到支付寶、微信支付更進一步，爭奪傳統銀行的市場。

深圳也將推行CDR，即海外上市的企業全部可以申請在深圳以預託憑

證形式上市，正如目前香港部份上市企業在美國以ADR形式上市一樣。到了那一天，深圳CDR的規模應該會超越深港通，也許港交所也應該研究推出HDR，搶奪預託憑證市場。

股價已逾百倍增長

港交所在不少人的眼中，也是賭場，更是香港獨家壟斷的賭場，儘管特朗普說港交所將完蛋，但是，港交所股價依然處於高處，亦已升至超過460元的歷史高位，港交所以3.88元上市，現價已超過上市價100倍，傳統舊經濟股能有超過100倍的增長，的確不容易。

圖表4.11　港交所（0388）股價走勢

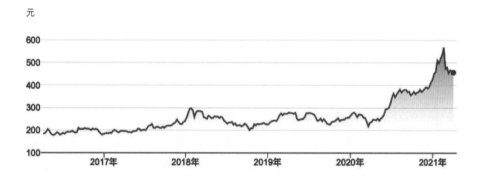

滙控渣打
重新派息

英國已經正式宣布批准美國輝瑞的Covid19疫苗上市，第一批疫苗也已經運到英國接種，如果一切順利，英國疫情開始受控，最大得益者應該是滙豐控股（0005）、渣打集團（2888）的小股東，英國政府也宣布允許在英國註冊的銀行恢復派息。

滙控之前宣布不派息，然後是在跌破28元時見底，滙控跌至28元時，香港傳媒驚呼滙控創下25年新低位。25年是甚麼時候？25年即1995年，也就是說1995年滙控是28元。不過，還記得過去我多次告訴大家，1990年我買滙控時只不過「幾蚊雞」，換言之，滙控從1990年至1995年之間，股價是急升數倍，因此，1995年28元的滙控一點也不便宜，是急升數倍，為甚麼當年的滙控會如此「快高長大」？最重要的理由就是當年滙控由一家本地銀行滙豐，通過收購英國米

特蘭銀行而變成一家國際銀行滙控，今日滙控落難，香港竟然出現不少聲音說滙控應該放棄英國、歐洲業務，退守香港，真莫明其妙，這些人忘記，或者仍未出世，不知道許多年前的滙豐，股價長期不超過10元。

滙控大翻身

這一回，滙控股價跌至28元時，終於引起中國平安（2318）的興趣，大手買入，並一舉成為滙控的單一大股東，相信，如果滙控再出現「淒慘」的價格，不單止平安會出手，其他中資企業也可能出手，最終目的是把滙控變成中資的國際銀行。當然，那會是很複雜的政治事件，英國、美國都會出手阻止。

過去5年，滙控是高息股，每年派息0.51美元，折合港幣4元，滙控手頭現金充足，絕對有錢派息，2020年中的末期息已經除淨了待派發，卻遭英國政府叫停，因此，有理由相信一旦恢復派息，會每年依然派息4元，以兩個多月時間，滙控股價從不足28元回升，也引領了恒指回升，是舊經濟股翻身的好榜樣。目前滙控股價已回到2020年4月初宣布不派息前的水平，換言之，滙控不派息的陰影已消失，在2020年尾買滙控的人已經預計2021年有股息收，滙控今後股價能不能再反彈，很大程度得看兩個條件：第一個條件是市場對滙控前途的預測，第二個條件是市場願意付多少錢來買一隻一年派息4元的股份？

滙控每年料仍派4元

前陣子，不少投資者認為滙控因孟晚舟事件得罪了中國政府，以後一定無運行，過去，香港就出現不少聲音說滙控應該再遷冊，把註冊地點搬回香港，近日，滙控內部也在研究放棄在美國的零售銀行業務……不過，上述種種，在我眼中，只不過是落井下石的言論罷了。

2019年滙控30元時，我已叫大家買滙控，滙控不會永遠不會不派息，恢復派息一年派四次，如何也會回到40元。恒生銀行（0011）也在追落後。

圖表 4.21　滙控（0005）股價走勢

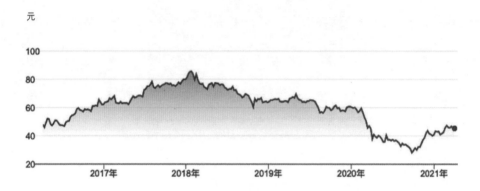

圖表 4.22　渣打（2888）股價走勢

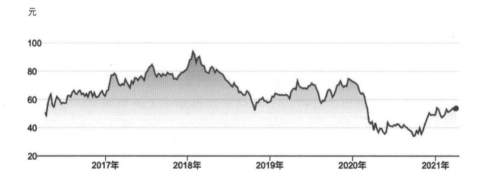

4.3 內銀具實力有望回升

銀行是一切經濟之母，銀行提供資金讓經濟活動可以進行，因此銀行的盈利表現也與經濟表現，緊緊掛鈎，如果銀行股真能見底回升，也預告經濟將見底回升。

過去許多年，不少香港的小股民對滙控及數家大型的內銀股都很有興趣，不少人通過中銀香港（2388）的戶口以月供的方法長期買入內銀股，這些人長期相信大型銀行股是最安全的，中國的經濟力量愈來愈強大，中國四大國有銀行股也應該不斷地快速增長，可是，過去兩三年，這的確是噩夢。一直到2020年10月，才看到內銀股回升，回升的第一個星期，仍然無力知道是見底回升，還是另一次反彈，過去兩三年，反覆下跌途中，也出現過多次反彈，但是，反彈之後，跌得更低。

經濟有增長　銀行壞帳自然減

樂觀的看，內銀股的確有見底回升的可能，理由一是人民幣兌港元匯率上升，以港元計算內銀股的資產自然應該升值。理由二是中國的確是目前全球唯一一個經濟處於正增長的國家，經濟有增長，銀行壞帳自然減少。當然不同的內銀股，表現還是不一樣的，其中招商銀行（3968）的股價可是不斷地在創新高。

銀行股推介郵儲及招商

中國網站反壟斷法正式出爐，龍頭科網股股價並未受到影響，投資者認為有法可依，問題不大，只要依法辦事就成。美國也有類似的立法，而一眾龍頭科網股股價依然一升再升，立了法，對二線的科網

股反而有利，除了一般科網股之外，那些正在努力發展金融科技的二線內銀股也增強了自己的發展空間。近期李祿成為大股東的郵儲銀行（1658）已準備大力發展金融科技，與螞蟻集團競爭直銷市場。而招商銀行更早已與京東（9618）合作成立拓撲銀行，發展網上直銷業務，利用京東龐大的客戶資料開拓新業務，說不定，趁目前新經濟股狂熱，招行與京東會把拓撲銀行上市，搶在螞蟻集團重新上市之前。

郵政儲蓄銀行和招商銀行雖然是比較小型，但他們學足螞蟻集團，例如招行和京東合作，通過大數據做生意，他們細細間夠靈活，通過大數據做直銷，做微銷貸，令其營業好過傳統大銀行，傳統銀行太大，難轉身，不夠容易靈活變動。

有了招行與郵儲銀行的競爭，對螞蟻而言也是好事，這表示螞蟻並沒有壟斷金融科技業、壟斷金融直銷市場。

建行取得星全面銀行牌照

建行（0939）取得新加坡政府的全面銀行牌照，在新加坡，想取得全面銀行牌照是很困難的，外資銀行則更是難上加難。前日，新加坡政府也開始頒發虛擬銀行牌照，共有5個牌照發出，但只有2個牌照是全面銀行牌照，都屬於新加坡財團。阿里（9988）旗下的螞蟻也取得一個牌照，但是只限於做批發生意，發揮不了螞蟻的大數據特長。新加坡整體GDP值不比香港低，全面銀行牌照數量屈指可算，建行能取得，若好好地發展，可以是一個金礦。

圖表4.31　招商銀行（3968）股價走勢

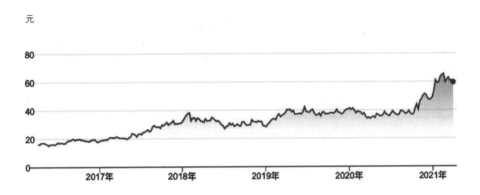

圖表4.32　郵儲銀行（1658）股價走勢

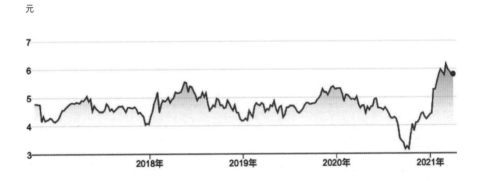

4.4 股神對資源股有想法

資源股這板塊不是炒落後的，而是真真正正炒世界經濟正在復蘇，特別是中國，中國整個生產已完全恢復，資源需求大，所以油價已創一年新高，2020年油價出現負價格，是天下怪事，但現在已創新高，另外一些資源，如銅、鋁、鐵，全部都創新高，就是因為生產恢復，需求增加，特別是銅，銅不是只用在建築上，不是只做水管，現在所有電子儀器入面都有一塊板，那塊板有好多銅線路鋪設，所以銅需求很大。

「三桶油」股價基本上已見底

拜登全力處理疫情問題，再加上疫苗已正式接種及1.9萬億美元的紓困措施即將正式推出，因此，2020年受疫情打擊很嚴重的股份紛紛出現明顯的轉勢，連股神巴菲特也開始撈底，大手買入石油股。

香港上市的三隻石油股股價基本上應該也見底，正在回升，其中中石化（0386）表現得最好，已創52周新高，其次是中海油（0883）股價也升近52周高位，然後才是中石油（0857），疫情受控，經濟復蘇，石油及各種各樣的礦場需求一定增加，價格也自然上升，三隻石油股中，與石油價格關係最密切，相關系數最高的是中海油。

芯片需要應用銅

石油股回升，其他資源股中，江西銅（0358）表現最好，股價已創5年新高，國際銅價更創出8年新高。

長江年年有水患，2020年特別嚴重，嚴重的水患過後是重建。重建工作需要水泥，水泥很重，一般是就近供應，因此，買水泥股之前，得先做做功課，尋找那些在長江流域水患附近有水泥廠的水泥股。

除了水泥，銅、鋁、鋼、管道都是重建工作的建材，銅股最出名的是江西銅；鋁業最知名的是中鋁（2600）；鋼鐵股選擇方法與選水泥股一樣，該選長江流域的鋼鐵廠；而管道自然是選聯塑（2128）。

圖表 4.41　中石化（0386）股價走勢

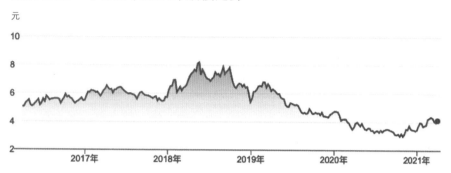

圖表 4.42　中石油（0857）股價走勢

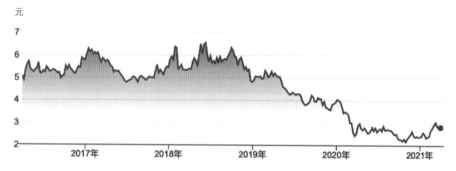

圖表 4.43　中海油（0883）股價走勢

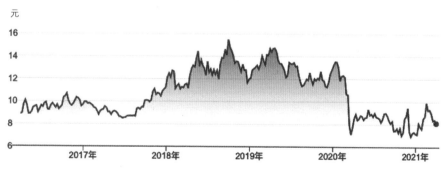

美印鈔　利好金礦股

美國推出 1 萬億美元的紓困措施，也就是說又要印鈔票。鈔票不斷的印，就會貶值，對甚麼貶值？對黃金貶值，或者說是黃金升值。炒黃金有多種炒法，一種是真真正正的買一些金條金幣回家；一種是買黃金 ETF；還有一種是買金礦股。

多年前我看完電影《投奔怒海》之後，就去買了幾條金條幾個金幣回家，收到今天，當紀念品，萬一真要投奔怒海也的確有用。真要逃難時，黃金 ETF、金礦股沒有價值。不過，純粹炒作，則黃金 ETF，與金礦股自然更方便。

金礦股波幅較大

一般上，金礦股股價的升幅、跌幅會比黃金 ETF 大，因此，更受小股民喜愛，但是要小心金礦股所代表的這家金行公司是有可能在金價上升時蝕本的，理由是他們可能對沖了金價、沽空黃金，就像航空公司對沖石油價格一樣，那就出了問題。作為行外人，我們不可能知道金礦公司的管理層會不會對沖黃金價格，對沖比例多大？所以投資金礦股要留意這一點。

不妨效法股神的選擇

面對美股再開動印鈔機，也許，這就是最近美國股神巴菲特買金礦股的原因，理由就是他看到美國兩黨爭着印更多鈔票、爭着派錢的情況，認為錢將不值錢，因此，黃金保值的概念出現了。

金價升，金礦股可能升得更多，有一定的槓桿作用。不過，也有另一個可能是金礦的管理層胡亂對沖金價，導致金價升、對沖虧損。因此，在不熟悉金礦股管理層的管理方式之前，胡亂買金礦股是有一定的風險。也許，真想買金礦股，不妨跟隨巴菲特買美國金礦股 Barrick Gold（ABX），相信巴菲特在作出買入決定之前，是做足了調查工作。

如果對美股不熟悉，另一個選擇也許是黃金 ETF，香港上市的黃金 ETF，SPDR 金 ETF（2840）比較知名。

圖表 4.44　SPDR 金 ETF（2840）股價走勢

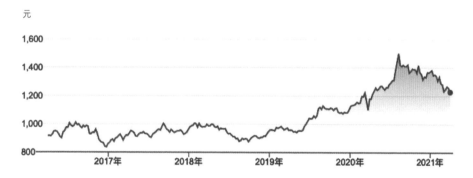

4.5 RCEP 谷起航運股

當年，奧巴馬出盡九牛二虎之力，搞了一個泛太平洋夥伴國（TPP）的自由貿易區，那是太平洋兩岸12個國家的貿易區，但不包括中國，可是，特朗普一上任，第一件事就是簽署總統行政命令，美國退出了TPP。美國退出TPP之後，中國趁虛而入，東盟10國，再加上澳紐、日、韓、以及中國，簽署了RCEP的自由貿易區協議，規模比TPP更大，不包括美國。難怪，不少人都認為特朗普敗選對中國是一項重大「損失」，RCEP已成了目前全球最大的自由貿易區，拜登就算想重啟TPP也沒有那麼容易。

美國出現了特朗普那樣一位可以隨時撕毀任何國際協議的總統，已經使到美國的信用「破產」，因為誰也不能保證將來美國會否再度出現另一個特朗普，甚至，2024年美國大選，特朗普隨時有可能成功回朝。2020年的大選，特朗普的確僅以些微差距敗選，他的

死忠支持者依然不會消失。特朗普的路線在國內依然有巨大的市場，因此，誰也不能否定特朗普東山再起的機會。

港口股也值得留意

無論如何，RCEP的成立，一眾航運股全部成了熱炒股，中遠海控（1919）、中遠海運（0517）、東方海外（0316）全部破頂，海運興旺，相關股如中集（2039）、中集車輛（1839）也炒起，中集生產海運集裝箱，中集車輛生產集裝箱的拖車，稱之為半掛車。除了航運股之外，港口股應該也值得留意，不過，中國港口極多，港口股良莠不齊，選擇不易，最老牌及規模較大的招商局港口（0144）應該是較佳的選擇，在RCEP簽署前後股價升勢加快，展望應該不錯。

中遠海控受惠運輸需求回升

而隨著疫苗出現，各國經濟炒復蘇，中國恢復生產，運輸多了，船不夠。優質股中，之前調整幅度較大的是中遠海控。目前國際航運依然是供不應求，全球經濟復蘇，航運需求增加，但是過去多年是航運周期的低潮，船務公司不增建新船，供應無法增加，載費再上升之勢還會持續。中遠海控現價P/E值也相當低，只有13倍，航運股是周期股，股價隨航運周期起伏，高低幅度差距很大，因此是很適合炒周期，一個周期也長達數年。

工業股資源股齊翻身

實際上，就算沒有RCEP，目前中國的出口也達到紀錄之高，原因是全世界都面對疫情的打擊，好些國家正在執行封城禁令，工廠停工，生活所需，就得依賴世界工廠中國，因此，內地工業股，特別是以出口為主的工業股都翻了身，創科實業（0669）是最佳例子，海爾電器（1169）也同樣是全球資金追捧的股票，工業生產的資源股如江西銅（0358）、中鋁（2600）也同樣有炒作的味道。

工業股與中資電訊股炒復蘇

2021年初時，中國的工業基本上全面復工，但全世界仍然有很多地方在停產或半停產，所以在2021年第一季，中國工業產量是世界無敵的，所以很多中國工業股在這段時間的訂單增加了不少，利潤也相應增加。舉例如航運業，因突然間有很多貨物要由中國運出去，所以航運也賺大錢，我看中國工業股在第一季大賺的趨勢會延至年尾，甚至直至全球恢復正常，否則全世界仍然依賴中國的工業。

中國工業股中，部分納入為中央政府十四五規劃的內循環供應鏈保護政策之中，內循環不只是說鼓勵消費，也是在確保重要產品供應鏈必須控制在自己手中，例如芯片也是其中一個重點，全個電子行業是中國很重要的工業。

建滔積層板生產覆銅面板

電子工業發展加速，銅的需求也加速，一隻與銅關係密切的股份建滔積層板（1888）的股價更是從2020年3月底開始就一路上升一路破頂至今，與2020年低位比較，建滔積層板股價上升了3.5倍，絕對不比任何新經濟股、科網股遜色，當然，建滔積層板也不是一般的低技術工業股，而是科技含金量很高的覆銅面板的生產商，這是所有電子儀器都需要使用的，有用到芯片的地方也一定需要覆銅面板。

建滔積層板這間公司生產覆銅面板，是任何電子產品必備的零部件，如今中國步入5G年代，不論是5G基建、5G手機及任何5G產品，都需要用到覆銅面板，這將是很大規模的新換舊過程，有如1999年為了千年蟲而新換舊一樣。而建滔積層板是全球同行的領先者，市場佔有率達16%，很肯定會是極大的得益者。

建滔積層板知道自己是中央重點保護的企業，一隻十多元的股票，全年派息2.5元，同系的建滔集團（0148）連同特別息也派2.28元，可見他們不擔心前景，不擔心現金的問題，對發展有信心所以大派股息。其他工業股只要符合條件，一樣會受到中央保護。

圖表 4.61　建滔積層板（1888）股價走勢

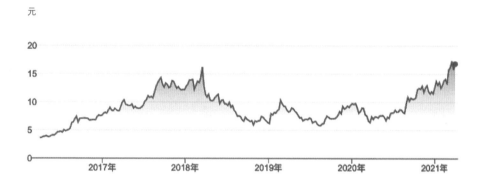

中移股息率高

除了工業股之外，另一個在現階段值得留意的概念股，就是中資電訊股，這包括中國移動（0941）、中國電信（0728）及中國聯通（0762）。

電訊股在過去幾年長期偏淡，股價反覆向下；但是業績實際上並不差，只是增長緩慢，於是資金會轉位炒作其他當炒的股，導致電訊股股價在2021年1月才剛剛見底。

不過，相信隨5G用途增加，電訊企業的盈利應該可以恢復快速增長，未來再繼續反彈的條件是存在的。

更重要的是，電訊股進可攻，退可守。這三隻電訊股的股息率皆不

差，其中最好的是中移動，股息率近6厘；若然運氣好的話，在2021年1月初見底價39元買入，股息率更高達8厘以上。

瑞聲舜宇　手機零件股雙雄

電訊設備股方面，瑞聲（2018）引入小米（1810）、OPPO等投資11.5億元人民幣以發展手機鏡頭業務，瑞聲與舜宇光學（2382）是手機零件股雙雄，一家主力生產手機的聲音系統，另一家則生產手機鏡頭，不過，過去幾年，手機鏡頭一增再增，手機鏡頭增加，舜宇的利潤就急增，把瑞聲拋到後頭，如今，瑞聲取得小米與OPPO的投資，也相等於宣布將來瑞聲生產的手機鏡頭已經有兩家大客戶，不過，開廠需時，因此，炒風未必持久，高追沒必要，不妨記住這隻股，等將來市場大調整時再考慮。

環保股
料受惠國策

中美貿易戰開始之時，中央已推動內銷，用內銷來抵銷出口的衝擊；另一個是環保，環保是2020年開始的，環保股在過去數十年炒過數轉，炒上去會跌下來，周而復始，因為環保有成本的，例如環保發電比用煤炭及石油貴，所以政府有錢就環保，政府沒錢就不會環保，要看政府有否津貼，政府津貼才環保，否則會用回傳統的煤炭及石油。

美退出巴黎協議

2020年特朗普退出巴黎協議，不玩環保了，美國不玩，中國說她們玩，因而變了世界環保領導者，帶領大家環保，所以今次環保股可能會炒得長久一點，不會炒一年半載炒完，同時到今日為止，絕大部分環保

股還未創歷史新高。現在雖然有股份創52周新高，但比數年前的價位仍是低的。

環保是中央規劃重點

環保將是中共十四五規劃中，除了雙循環之外另一個重點。長期以來，環保股只能炒，不能長揸，理由是中國的環保政策多變。環保不是免費的，成本相當重，問題是額外的成本該由誰負擔？由老百姓負擔？由政府津貼？或者，政府與老百姓各付一半的額外成本？而政府的津貼又與國家的財政收入，貨幣政策相關，有時收緊，有時放鬆，而一般散戶就只懂得見升追，見跌沽，虧慘了。

金風走勢向好

2020年11月,五中全會公報也用了不少篇幅談環保,金風科技(2208)因而在一個月內4度出現裂口大升,兩個月內股價上升70%,到2021年1月下旬,更高見逾18元高位,走勢極佳。希望這一輪的炒作,現在只是起步。

圖表4.71　金風科技(2208)股價走勢

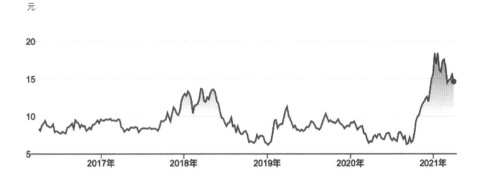

元

4.8 澳門賭業股呈兩極化

　　儘管美國疫情嚴重，但是美股已經創新高，疫苗在英國正式上市肯定是好消息，這說明投資者是向前看，看到的是疫情過後的投資環境，而不是目前嚴重的疫情，反倒是香港，疫情第四波使到傳媒天天就以疫情為最重要的新聞來報道，香港傳媒的視角竟如此短窄？幸好，香港股市的投資者已經懂得把握機會，把滙控（0005）股價推回2020年4月初的水平，銀河

娛樂（0027）股價更是破頂創出52周新高，把疫情的打擊全部消化掉了。過去許多年，我們經常說股市走在實體經濟的前面，當然也走在傳媒輿論的前面，這說明了國際間股市投資者的眼光最準確，投資者的真金白銀來投注於他們的預測，而經常是準確的。

國際投資者　賭中美關係改善

目前，美股中正在不斷地創新高的股份有芯片股、汽車股、運動服飾股，這類股未來真正的大市場不是美國，而是人口為美國4倍的中國，這些股股價創新高意味着國際投資者已經以金錢賭中美關係的改善，美國產品、品牌將在中國市場佔有重要位置，大國與大國之間，不可能永遠為敵或永遠為友，打打合合，才是長久正常的關係。

銀娛創新高　股價重返疫情前

說回賭業股，澳門賭業股在2021年初突然出現炒作，銀娛更是一舉創52周新高，回到疫情發生前的水平，投資者在炒作澳門與內地通關。澳門抗疫工作做得好，內地也做得好，雙雙做得好，雙雙開放理所當然。當澳門與內地通關，香港特區政府就會面對巨大的壓力，得盡快控制疫情，目前封區強制驗測的方法估計會擴大，以達到非正式的全民驗測，內地控制疫情的最強有力方法就是全民驗測，能在一星期之內為1,000萬人的大城市全民驗測，一口氣找出所有的隱形確診者。因此，我們也許也該開始樂觀地看得這些深受疫情打擊的股份，股市

往往會走在實際情況之前，正如目前澳門賭業股一樣，賭場未開始賺錢而股價先漲。

賭牌到期須留神

中美關係沒有變好，也沒有變壞，市場則繼續憧憬疫苗開始接種的效果，澳門運來了第一批疫苗，大部份澳門賭業股炒上，銀娛更是破頂，高過疫情發生前的股價。銀娛最大的想像空間是銀娛在橫琴擁有2平方公里的土地，而橫琴則遲早會併入澳門，或成為特特區。

不過，賭股也可能出現兩極化，理由是所有的賭牌在2022年就到期了，會不會有些賭牌無法續期？實際上兩極化的現象在2020年已經出現了。

圖表4.81　銀娛（0027）股價走勢

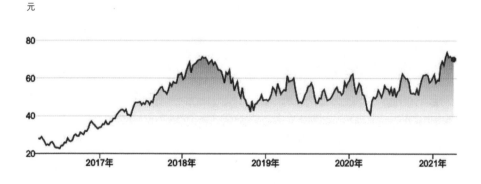

教育股
勝在穩定

4.9

多數的教育股也是舊經濟股，香港上市的教育股以內地為主，內地疫情受控，部份教育股股價早已創新高。不過教育股絕對會受到中央規範。

2020年9月1日習近平召開了中央全面深化改革委員會會議，會議審議通過了《關於規範民辦義務教育發展的實施意見》。會議前，國務院教育部等五部門已經於8月17日，印發了一份《關於進一步加強和規範教育收費管理的意見》的通知，不過，類似的《意見》通知，在過去幾年也出現過數次，一直都沒有實際上的查處行動，因此被當成「狼來了」的《意見》通知，有關股票價格並沒有受到影響。直到9月1日，由習近平親自召開的中央會議，正式把規範民辦義務教育提上議程並通過後，市場才出現震動。

中央非趕絕民辦教育

中央是不是要趕絕民辦教育？不是的，而是要清楚的分開非盈利與盈利民辦教育機構。一向以來，的確有些民辦教育機構申請辦校的時候，打着非盈利教育機構的招牌，以取得地方政府的政策優惠，然後再另外開一家顧問公司，向這家非盈利教育機構收取高昂的顧問費，結果這家顧問公司就賺大錢。

很多年前，我已經提過這個現象，而國務院教育部也不止一次發布有關的《意見》通知，每一次通知發布後，有關教育股股價受壓，但是一段時間之後，《意見》依然處於「意見」的階段，因此，股價在一輪調整之後又回升了。

不過，這一回，《意見》上到了習近平的中央會議，相信這些《意見》很可能會成為真正的規章條律，大家應該好好地分辨自己手上的教育股，會不會真的受到極大的影響。

具可預測性

中匯（0382）股價在2020年11月曾單日急升22.7％更是驚人，而4個交易日股價急升36％，理由是此股被納入MSCI中國小型股指數。

中匯是一家市值僅75億的小型上市公司，2019年上市後不久，我就開始向大家推薦這隻股，理由是管理層的確是一群認真的辦學者，校長陳新滋曾是香港浸會大學的校長，2020年年初，在疫情打擊之下，股價於3月時一度跌至3.35元，但是很快地在5月份再創新高。2020尾公布業績，不但不受疫情影響，更大幅增長34.5％。業績公布後，多家證券行馬上大幅調高此股的預測價，至2020年11月底，當中匯正式加入MSCI指數，應該一舉而成為國際基金關注的股。像中匯這樣的教育企業，是舊經濟，發展速度不可能一日千里，但勝在穩定及可預測性。

中電領展
或再成避險股

2018年年初,中美貿易戰剛剛開打時,我建議大家買公用股及房託避險,公用股與房託賺的全是當地的錢,業務與貿易戰拉不上關係,而且收入穩定。結果,2018年中電(0002)股價由年初的70多元升至90多元,領展(0823)更強,由60多元升至90多元。

貿易戰時發揮避險角色

但是,當中電與領展股價狂升之後,股息率相對的也大幅下降,慢慢地也失去避險的作用,吸引力失去,再加上升幅過大,最終都不免面對短炒的股民套利出售的壓力,任何股份只要股價升得快,就一定吸引到一大群短炒的股民進場,把原本應該長期持有的收息股當炒股來炒。

炒的人多了，當股價無力再升而回跌時，往往也跌得很快，再加上中電於海外的投資出現虧損，領展則面對香港社會運動及新冠肺炎的雙重打擊，結果，基本上全都打回原價，中電回跌至2018年年初起步時的70多元，領展則回復至60多元，兩年多來把中電與領展當炒股來炒的股民幾乎全都有虧損。當時，當中電與領展股價不斷炒上時，我也曾經告訴大家，股價炒高就相等於股息率下降，收息的吸引力下降了。

2020年年初，中美之間簽署了首階段貿易協議，中電與領展就更加沒有了避險的作用。不過，後來特朗普在選情告急之下，不斷地攻擊中國，封殺令一個接一個，新的一場科技戰、金融戰開始了，投資者又到了要尋求避險股的時候了。目前，中電股價回落至2018年年初水平，股息率超過4厘，應該再度有了收息避險的概念。

領展因為受到新冠肺炎的影響，租金收入大減，同時，資產價值經重估之後出現虧損，幸好，資產重估的虧損不是現金收入的減少與虧損，領展依然有不錯的租金收入可以用來派發股息；因此，目前領展的股息率也同樣達到4厘以上，比中電高一些。

內地物管教育股也可避險

要尋找避險股，不單單是公用股與房託，內地的物業管理股、教育股及百分百不依賴美國科技的內需股也可以考慮。不過，記住避險不是

炒作，不要期望股價短期內炒上，如果任何自己為避險而買入的股票股價急升，就不再是避險股了，可以考慮止賺，免得像過去中電與領展那樣由避險股變成炒股，結果炒爆了。

圖表4.101　中電（0002）股價走勢

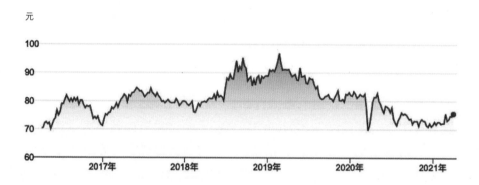

圖表4.102　領展（0823）股價走勢

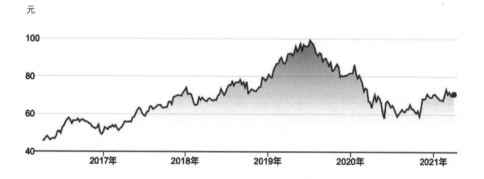

Chapter 05

地產股的
軟實力

中港樓市
大走向

香港最近這次政治大改革，即國安法及選舉法，將香港主要反對力量清除，未來特區政府想做甚麼政策都相信會比較順利，例如土地政策。國務院副總理韓正也說，要處理好香港住屋問題，香港住屋太貴，梁振英也都說過，香港不是沒有地，香港只有6%土地是用來起樓的。將來土地供應會增加，帶來給市場新的思考，因為又不可以一下子增加供應至好像當年1997年般的說法，因為會弄垮樓市，這樣會更嚴重，因為會有好多人負資產甚至破產，所以如何維持樓價不跌下增加供應，是一個要面對的問題。

港公私合營　拆舊樓　改農地

要在樓價不跌下增加供應，唯一是以居屋為主，效法新加坡的組屋政策，由政府供應，價錢可以折上折上

折，總之能令市民負擔得起，能令大家有安居之所。要多起樓，就要思考土地從何而來？第一是可起樓的土地可以如何增加？這可以是來自農地，也可以來自拆舊樓，市建局加快拆舊樓。現在市場不是沒有農地，只是由於農地周邊沒有基建配套供應，即或農地補地價都只有0.5倍地積比率，地產商改建誘因低。將來這個格局會變，林鄭月娥提出公私合營，將來或變成必需的，由政府起路，發展商起樓，這樣容易平衡，政府依重的賣地收入也有保障，這些趨勢下去的話，四大地產商得益自然最大，而沒有農地的地產商受影響就比較大。

還記得2016年嘉華（0173）用1.1萬元呎價投得啟德用地，有人認為好貴，當年呂志和回應說是因為已經3年買不到地，如果再買不到地，會更加有問題。所以將來沒有地的地產商挑戰相當大，因為他們只能向有農地的地產商買地，而另一條腿則是，有更多發展商加快拆舊樓重建。

內地地方性內房佔優

內地一樣有其樓市政策問題，內地同樣有很多人買不起樓，中心城市開始令人負擔不起，內地大城市爆滿，然後開始向周邊城市遷移，例如由深圳延至東莞，廣州延至中山。內地跟香港一樣，都要不斷地市區重建，市區重建就不是所有內房可以做到，反而那些「地頭蟲式」的內房股會出現，和某些政府關係特別好的地產商會具有優勢，例如民企佳兆業（1638）和深圳政府好，而越秀地產（0123）是國企，跟廣州市政府關係好，打正旗號拆舊樓，地方性內房股會因應崛起。例如越秀跟廣州地鐵合作，發展所有上蓋項目，這些都是有前途的。而隨著地鐵跨城市興建，將來廣州地鐵會接駁中山、東莞，甚至駁至深圳，就像日本的東京、大阪、神戶和京都四個城市變得一體化，所以內房相信會有好多地方性股份出現，並佔有一定優勢。

樓價長遠
向上升

2021年初，不少人大作文章，指香港樓價只升不跌的
「神話」過去了，理由是連升11年的中原城市領先指
數終於在2020年下跌了，跌幅1%。從統計學的角度
來看，1%可以是統計誤差，不過，指香港樓價只升不
跌是「神話」倒是有問題。

香港樓價從來就不是只升不跌，實際上，樓價是經常
出現調整，不過，長遠而言，的確是只升不跌。換言
之，每一次下跌，都是機會。不過，沒有人知道正在
下跌中的樓價，還會不會再下跌，想撈底而撈不成。
2000年至2003年的下跌浪，就讓許許多多人傾家蕩
產，2003年之後，又製造了許多機會讓許多人賺大
錢，周星馳的天比高（8220）就是在那段時間買入的。

長遠而言，樓價的確是只升不跌，因此，有人認為買
樓只有買貴，沒有買錯。當然，也有人認為，買貴就
是買錯。

增加土地供應　有利發展

2020年爆發了新冠肺炎，全球經濟受到打擊，但股市表現都不錯，股市為甚麼與經濟背馳？理由是今日西方世界，不論是美國、歐盟、英國、日本都在狂印鈔票。

2020年，也是西方世界狂減息的一年，美國聯儲局把2016年至2019年所加的利率全減掉了，美元利率又回到零，聯儲局不但減息，也再度推出量化寬鬆計劃，瘋狂地買入美國國債，歐盟、英國、日本的中央銀行也一模一樣地做，而且更進一步，把國債利率壓至負利率。

這就是今日全世界的怪現象，經濟損失1萬億，不妨印2萬億的鈔票來花。失業在家，收入可以不減，政府會派錢給你，錢多了，就投入股市，於是股市炒起了。不過，股市炒作出現了兩極化現象，新經濟股炒得火熱，舊經濟股往下沉。

2020年對香港來說，國安法的出現也使得社會安定了，折騰了一年多的修例風波停止了，這對經濟發展而言也是好事。展望2021年，疫苗出現了，現在最大的挑戰是如何勸服更多的市民前往接種疫苗。當香港特區政府成功勸服超過七成的人口接種疫苗，疫情應該受控了，經濟也可以全面復蘇。因此2021年的經濟展望應該是良好的。

2020年反映香港二手樓價的中原城市領先指數下跌了，跌幅不大，只有1%。不過，這是12年來的首次，是2008年金融海嘯之後首次出現指數年度下降的事，也就是說連升12年的樓價終於暫停升勢了。不過，因為跌幅不大，因此，也沒有必要放寬種種的打壓樓價「辣招」，各種各樣的「辣招稅」是從2011年開始推出的，儘管從2011年至2019年樓價並沒有下跌。但是，如果沒有「辣招稅」相信樓價更不止於目前的水平。基本上，土地供應依然不夠。香港樓價問題，最根本的是土地供應，國安法推出後，社會相對安定，反對的聲音減少，這是一個好時機增加土地供應，特別是郊區的土地，不論是棕地或農地，都是供應的來源。

炒地產股的
大方向

踏入牛年，香港開始接種新冠肺炎疫苗。因此，有望香港與內地及其他國家或地區之間的往來，會在短期內實現。因此，部分2020年受疫情打擊很嚴重的個股，已開始「炒復蘇」，在現階段仍有追入的價值。

這類股中，首選是地產股。過去一年，香港樓市實際上並沒有受到疫情嚴重的打擊，2020年全年的中原城市領先指數，只是微跌1%，可以視為統計學上的隨機誤差。

但是，地產股股價卻出現巨大的跌幅，幸好最差的情況已在2020年9月時出現了，見了底。現在，所有的地產股股價處於復蘇回升中，分別只是，有些回升得快，有些回升得慢。

炒復蘇或私有

地產股的投資，有兩大方向：一是炒復蘇，二是炒私有化。

炒復蘇是炒那些以收購為主的股，這包括九龍倉置業（1997）、新鴻基地產（0016）；而炒私有化，則多數是那些市賬率（PB）很低的股，過去合和及會德豐皆先後私有化了。

因此，相信那些超低市賬率的地產股，依然值得憧憬。這包括PB值只有0.24倍的華人置業（0127）；PB值只有0.3倍的恒隆集團（0010）。

另外，不純粹做地產，但有相當多業務於地產的老牌洋行，太古股份公司A（0019），太古股份公司B（0087）的PB值更低，分別只有約0.21及0.11倍。

重估減值不足懼

當然，一旦疫情受控，可以追落後的股份多得很，部分本地地產股股價已經創52周新高，上市的本地大地產商，一般上有兩大業務，一是買地建樓房出售，二是買地建商業大樓收租，至今為止，香港住宅價格仍算穩定，沒有急跌，發展商推出新盤時反應也多是很好，一日清貨的例子很多，因此，業務受疫情打擊較大的是收租股，特別是大商場的收租業務肯定受疫情打擊，租金下跌現金下跌，也會使到企業重估資產值時出現減值的「虧損」，當然，重估減值的「虧損」不是營業

上的虧損，沒有任何金錢上的損失，更可以因「虧損」而扣稅，因此問題不大，本地地產股很多，如果想博一博，受疫情打擊最大的本地收租股應該是九倉置業、領展（0823）、華置（0127）、朗庭（1270）比較值博。

長和新舊經濟板塊皆有

另一隻令人注目的股是長和（0001），被認為是最傳統的舊經濟股老大，實際上，長和的投資很多元化，新舊經濟板塊都有，李嘉誠個人的投資更是以新經濟為主。而長和打算出售歐洲的通訊鐵塔，價格可能高達100億歐元。長和目前只是一家2,000億港元的企業，做一單100億歐元的大買賣，大有1999年出售Orange的震憾力。

長和股價與歷史高位比較，下跌了差不多一半，P/E值只剩5倍，能不能借這次出售鐵塔而使到投資者對這類舊經濟股重新估值呢？如果是，大量超值的本地地產股可能可以翻身。過去一段日子，儘管市場只顧炒作新經濟股，但是我依然力勸大家不好放棄超值的本地地產股。

恒隆攻佔內地

不過，數本地地產商，最成功的還是恒隆（0101），乾脆放棄香港，全力進軍內地，在多個城市建成當地第一大的購物中心，是超級巨無霸，一舉搶走當地的許許多多大小商場的人流。

長實李嘉誠
再變魔術

李嘉誠又再變魔術了，數年前，李嘉誠變魔術，舊長實收購和黃，變成長和（0001），然後長和再分拆出新長實（1113），當時公告天下，長實將主力投資房地產而長和則是綜合企業，有如當年的和黃，分別只是重組前，李嘉誠只持有舊長實而沒有持有和黃，由長實來持有和黃。重組後，李嘉誠同時分別持有長和與長實各30%多一點點，一切計算很精準，微妙，持有超過30%的好處是今後可以每年增持2%，把長和與長實分開，目的就是方便增持，如果不分開，長和的市值過高，增持所需的資金要多許多。

發新股　再回購

結果，當年重組之後至今，李嘉誠主要的增持對象是

市值較低的長實，一再增持，但仍然局限於每年最多2%的條例，一直到2021年3月中，終於通過另一次的變魔術，使到李嘉誠一次過將手上持有的長實股權由35.99%增加至45.02%，而這個過程並沒有動用現金，而是將家族持有的英國、歐洲一些公用事業的資產賣給長實以換取長實額外發行的新股票，作價每股51元，比當時長實的收市價僅僅8.4%的溢價，遠低於一般私有化或於市場掃貨所需付出的溢價，長實每股資產值約96元，以51元的資產換價值96元的股票，這還是挺有利的，今後，只要再玩多幾次如此的收購遊戲，李嘉誠家族就可以將長實完全私有化了。

或加速私有長實

當有一天長實被私有化之後，同樣的遊戲也許還可以繼續用於長和身上，那時候，也許長和可以發行新股收購已經私有化了的長實資產，使到李嘉誠家族於長和的持股比例大幅上升，最終連長和也私有化了。

這就是頂級的財技，不過，李嘉誠玩財技有一處值得小股民讚賞之處是小股民也會因此而得益。

這一回，長實宣布收購李嘉誠家族資產之時的股價是47.05元，而在重組之後，長實應以每股51元的代價向小股民買入3.33億股長實以作注銷，目的就是不想因收購而大量增加股票發行，攤薄股東的利益，51元的回購價也使到小股民得益，3月19日，長實股價逆市大升7.23%至50.45元。

圖表5.41　長和（0001）股價走勢

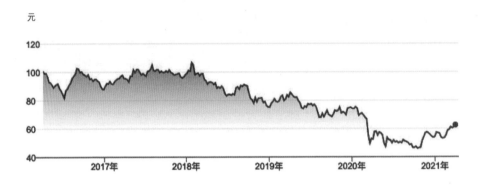

圖表5.42　長實（1113）股價走勢

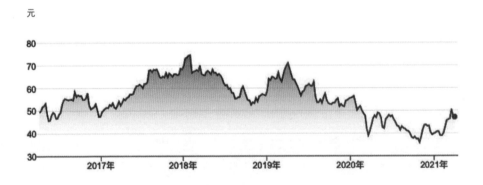

港鐵大豐收期將至

港鐵（0066）幾乎是恒指成分股中極少數在一片調整的浪潮中依然能創52周新高的股份。2021年初，港鐵發出盈警，當日股價急跌，但是很快地就恢復了升勢，於其後再創新高。其實港鐵所謂的盈警，是假的盈警，是集團重估物業資產值帶來的減值虧損，如果不考慮物業資產重估，港鐵是賺錢的，資產減值不是營業虧損，純粹是紙上數字，而且展望未來將會是港鐵大豐收期。

續發展地鐵站上蓋項目

多年來，港鐵的主要利潤早已不是來自鐵路的售票收入，而是物業發展，目前特區政府嚴重缺官地供應，只好依賴港鐵提供土地，而且，近一段日子，特區政

府也正式批准港鐵計劃興建的多條新鐵路幹線，有新鐵路就有新的土地供給港鐵發展。

施政報告用了不少篇幅談土地供應，似乎，未來10年香港公共房屋，即公屋與居屋所需要的土地供應已經沒有問題了，不過，這些土地多處於交通不方便的地區，因此，加建地鐵就成了與土地供應並生的條件，得益最大者當然是港鐵，多條鐵路線，多個地鐵站上蓋的項目足以讓港鐵在未來10年賺大錢。

「明日大嶼」繼續進行

施政報告也強調不會放棄「明日大嶼」，但會思考較創意的融資方法，

這意味着不會是特區政府獨資填海，私人企業很可能可以加入，過去100多年，港英政府不斷地填海，每次填海的結果都是賺大錢，過去50多年至今，新加坡政府從沒有停止過填海，也一樣賺大錢，因此，將來若有機會參與填海，創造「明日大嶼」的地產商也一定能賺大錢。

本來，不少人也憧憬這份施政報告會宣布讓內地居民免隔離來香港，理由是目前中國內地疫情已完全受控，結果，施政報告也同樣讓這群持有這份憧憬的人失望，不過，也不必太失望，這項政策應該是很快就可以推出，現在所等待的是香港何時可以正式推出健康碼。也因為投資者對開放邊境讓內地居民來港免隔離的事仍然抱着希望，因此，本地保險股及一眾澳門、賭業股的股價依然處於近期高位，港澳一體，澳門實際上早已有條件開放，只不過，中央政府從港澳一體的角度來看問題，因此，開放邊境一定得港澳一致共同進退。

圖表5.51　港鐵（0066）股價走勢

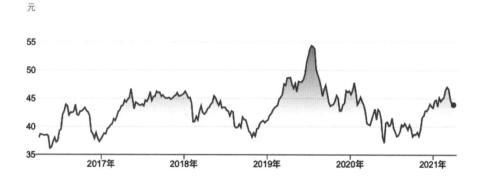

內房股
有運行？

中國銀保監會主席郭樹清說：房地產是金融風險的灰
犀牛。這句話從表面看來，對內房股是極大的壓力，
這說明中國政府會極力壓抑內地樓價，以防泡沫爆
破。但是，深一層的想，這是好事，當年美國的金融
海嘯，引火點就是房地產價格泡沫爆破帶來連串泡沫
的引爆，現在，中國政府開始意識到灰犀牛的存在，
相信中短期內地房地產市場會保住平穩發展的勢頭。
目前，多數內房股股價仍未全面復蘇，但是，走勢依
然是向上的，只是升勢較慢。升勢慢的好處是散戶有
較多的時間考慮進場，對散戶而言，反彈升勢過快往
往只能眼巴巴的看着機會一閃而失。

鼓勵內循環　讓炒房者富起來

五中全會公報中有一項相當耐人尋味的事，就是全文

沒有提起房地產這個產業。過去，中央文件每年都會談房地產業，談「房子是用來住的，不是用來炒的」，談防止及壓抑大量資金流入房地產。這次，不再談了，這是不是在暗示今後5年，中央對房地產產業會採取較寬鬆的政策？也許，要鼓勵內循環，就應該讓部份人通過炒作房產富起來。

「大到不能倒」內房可一博

2020年10月初，恒大（3333）成為傳媒焦點，這一回，恒大又一次逃過資金鏈斷裂的危機，這已不是第一次。過去已發生過，每次都化險為夷，理由就是「大到不能倒」。借錢給恒大的人見到恒大資金鏈出事，比任何人更着急，不但不會追數，還會設法為恒大解困。在內地像恒大那樣勇的內房股其實不少，內房股之所以能「快高長大」，靠的就是一個「勇」字，勇敢地買地，貴買，便宜也買，也無所謂。

總之貨如輪轉，最重要大股東對炒作股價比實際獲利可能更重要。也因為大到不能倒，下次若再有類似機會，也不一定是恒大。

總之有巨大的內房股面對危機，也許是小散戶博一博，賭一賭運氣的時候，因為這些都是大到不能倒的企業，中央政府不會讓這些企業倒閉。真的有一天走投無路，連借錢給他們的人也無力再拿多一些錢支持他們時，最終中央政府，即大型國企必會出手救助。當然，到了那個時候，大股東、董事局可能會換人，也就是說，企業不會倒，但是老闆可能會換人。

國企內房可買作收息

比較保守的內房股當然是國企，而且即使董事長換人再換人也不會有影響，即改變營運方針。保守的結果是股價少人炒，但是買來收息也的確不錯，過去比較長的時間，我一直持有越秀地產（0123）及越秀房託（0405）長期收息，股息率相當不錯。越秀地產股價高高低低，經常波動，股價低時，股息率高，股價高時，股息率低。不過，相對於我的買入價，股息率是很高的。越秀房託則從上市開始我就一直長期持有，股息率高，而且股價在過去幾年慢慢地上升，一直到2020年疫情出現才受挫。現在，中國內地疫情基本上已受控，也許越秀房託的股價有回升的條件。

圖表5.61　恒大（3333）股價走勢

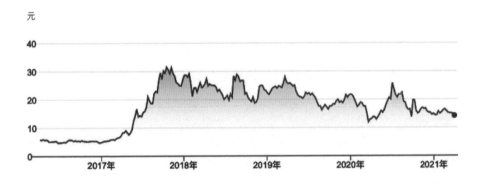

圖表5.62　越秀地產（0123）股價走勢

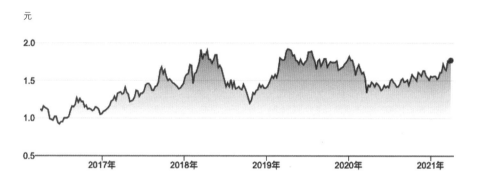

圖表5.63　越秀房託（0405）股價走勢

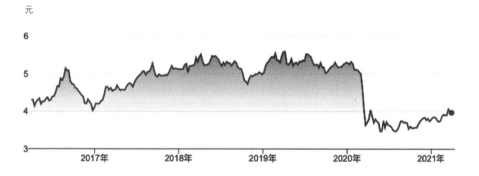

物管股前景
還看母企

物管股一兩年前炒得很厲害，主要因為在IPO時炒起，其後有好增長而炒起。然而去到2020年，因高PE影響，令投資者擔心物管股未能維持高增長，所以出現調整，跌得很厲害，但仍有一些創新高，分別在於他們有沒有能力再繼續擴大業務。2021年初，因應公布業績，物管股又被重新炒起。

香港也有很多物業管理，你可以去看看為你服務的管理公司，看看他們賺不賺錢，他們加管理費大家都會吵吵嚷嚷，有升值能力的物管股，不是靠加管理費來賺錢，大部分IPO時，只是管一兩個物業，然後母公司每年加多一兩個物業給其管，其利潤就會一倍兩倍地升，這是母公司和物管股的配合，讓股價可以跟隨上升。如果母公司不理，又或者沒有物業可以注入，那便不會上升，所以物管股強者愈強，弱者愈弱，是很容易看得出來的。

物管股新股仍值得抽

過去曾經熱炒的物管股在2021年2月進入業績期，在此前的大約半年前，我指出部份物管股將沒有能力保住過去的高增長，物管股也一定會出現強弱分明的現象，業績期是最佳的機會好好整理自己手上的股，去蕪存菁，忍痛賣掉虧損的物管股，只保留仍處於高增長的物管股。

不過，今後新上市的物管股依然應該申請，因物管股賭博成分低，一般來說全都有不錯的盈利，分別只是將來盈利的增長速度，如果物管股的母公司足夠強大，則年年都有新的物業注入，年年的盈利就會大大的增長。除了注入新物業以供管理之外，物管公司也可以通過增加許多高增值的服務以提高利潤。因此，分配到新上市的物管股就不必急於套利，可作中長線投資。

需預計母企還會否注入甜頭

2020年7月，當時我做了一些檢查，感覺到一些高P/E值的物管股，股價可能已經沒有能力再不斷無止境的上升，因此決定進行清理、賣掉。當然，不是全面賣掉，只是選擇高P/E，但估計母公司已無能力再注入甜頭的物管公司。

近日回顧，發覺的的確確有些物管股股價已連跌大半年，股價跌幅也很驚人，真慶幸當時自己做了一些清理。記住，物管股是依靠母公司養肥的，但是養肥是有限量的，因此，在別人炒高了才高追物管股的風險不小。P/E肯定是非常重要的參考資料，不要只顧炒而忘了這個基礎分析的工具。

恒大（3333）旗下恒大物業（6666）物管公司2020年尾上市，造成轟動，但是，如果恒大一次過將所有的物業注入這家上市公司，大量集資，將來這家物管公司的增長就會慢下來。為了讓小股民有得炒，倒是期望恒大日後繼續為恒大物業不斷注入新的業務，使到升勢可以持久。

豐盛服務有新世界支持

新世界（0017）旗下的豐盛服務（0331）是一間很小的公司，市值只有20多億元，相比起市值數千億元的新世界，可以說是微不足道，豐盛服務的好處，就是有新世界這間巨大母企可以時不時注入資產，豐盛服務派息不錯，4倍PE，每年派9厘息。物管股的投資價值就在於年年年派高息，股價年年升，升幅不會很厲害，但年年有新收購，不停增加利潤，股價又會升上去，派息又會跟著升上去，只不過這些股份都是市值較細，都是中小企，都是二三線股，所以不要把資金全押上去，投資策略是可以買少少作長期收息。

圖表5.71　恒大物業（6666）股價走勢

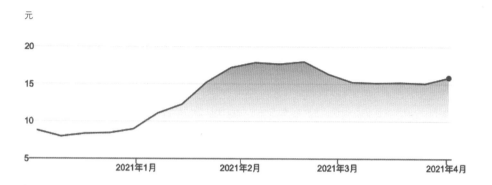

圖表5.72　豐盛服務（0331）股價走勢

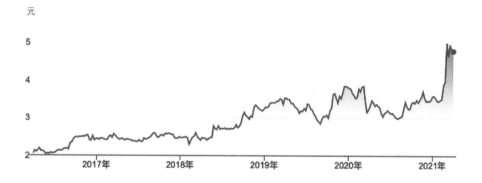

Chapter 06

擁抱
新經濟心態

靈活處理
資金配置

過去我經常談長期投資，因為我受美國股神巴菲特影響，但我留意到巴菲特也開始做中短期投資，所以我也覺得自己也要改變，我的資金配置，部分是長期投資，部分做中短期投資。

巴菲特也改變投資方法

現今因這個世界變化得快，我們沒可能如巴菲特以前般，持有一隻股份30年，過去巴菲特持有30年的股都是舊經濟股，當時也沒有新經濟股。30年前在香港持有的都是公用股、銀行股、地產股，但你看今日地產股，股價遠低於資產值，這也不是今天的事，是好幾年前已經低過資產值，也有很多人說，這些股份抵買，原因是因為超值，很多價值投資者認為值得買，

但問題是，這些股前年超值、去年超值、今年超值，年年都超值。我認為，買賣這些股份，要考慮除非有私有化的機會，例如合和私有化，我博中了，又例如九倉私有化，但我沒持有九倉，不過我現在也有持有數隻憧憬私有化的股份，也要繼續留意最新情況。

按自己風險及耐性而定

其他的我就放中短期投資，但中短期投資就要花多點心力時間看市場變化，因市場變得厲害。巴菲特自己過去一年的投資也變得很快。他曾在疫情開始時，在低位買航空股，但持有不到數個月後，又把其全部沽出，蝕本也沽出，巴菲特都懂得做止蝕。

世界在變，我們的確要跟著變。至於用多少資金做長期投資，多少資金做中短期投資，這個是沒有特定的，要看投資者自己本身的風險及耐性而做決定。

買新經濟股
兩招減風險

藥業股是熱炒股之一，然而可以突然間，多隻生物科技藥業股股價急跌，不過，熱炒中魚目混珠，科研水平不高的藥股很可能在炒作一輪之後，依然無業績可言，炒風過後，股價就會像斷線風箏那樣跌下來。目前，市場上有一些上市了好一段日子，但是依然處於虧損中的藥業股股價上漲多倍，這令人想起1999年至2000年的科網狂潮，當時，也是大量沒有業績、仍在虧損的科網股胡亂炒上，最終泡沫爆破後，甚麼都沒有。

高追處虧損藥企具風險

高追仍處於虧損的藥業股有兩種風險，第一種風險是這些藥業搞來搞去，依然無法成功研發出一隻專利特

效藥，慢慢地，上市集資所得花光了，整家企業資金出問題，隨時可能再向市場集資，再度集資的消息一出，股價勢必狂跌；第二種風險是最終總算成功研發出、取得專利的新藥，但是，銷情一般，看不出有大幅增長的潛力，股價也支撐不了炒高了的P/E值。

投資已有盈利股份

除了藥業股之外，其他新經濟股的情況也類似，炒風一起，渾水摸魚、魚目混珠的垃圾股也會變身新經濟股。

哪一隻股是魚目混珠，我們不是專家，不可能分得出，因此只有兩種方法處理，一是只投資於已經取得盈利、並自我證明盈利增長不錯的股；二是非常非常分散的投資於仍處於虧損的新經濟股，小小注，期望小刀鋸大樹，幸運的話，買中幾隻股價會飛天的也很不錯了。幸運的話，買中後也不必急於獲利，不妨暫時不定止賺位而讓股價反反覆覆的上升。一般上，急升股也往往會急調整，多數小股民也就在調整時止賺，把股票賣掉，賣掉之後就很難再買回來，最終只能賺粒糖。

散戶毛病：止賺不止蝕

另外，許許多多小投資者最容易犯上的毛病是喜歡止賺而不止蝕，止賺是見到自己持有的股股價從高位下跌，擔心本已經賺到的錢化為烏

有而賣掉，結果只賺一粒糖，但是，買錯股股價一路跌都不止蝕，最終虧剩一點點渣。

每逢股市調整，升得最多的板塊，調整幅度也可能最大，相信其中一個原因就是許多小股民止賺，趁還有一點點利潤賣掉，自以為是「鎖定利潤」，但是很可能就錯失一隻有潛質的股。昨日「鎖定利潤」的小股民，如果今日股價再跌，相信也不敢趁低價買回，只會慶幸自己「鎖定利潤」。如果今日股價回升，當然更不會追，極少小股民會於低價沽出股票之後高價買回。

忌低沽高追

許多小股民都有一個不好的習慣，那就是曾經高價買股，之後，股價大跌，他們不願止蝕，死守，好不容易，終於捱到股價再度浮上水面，回到自己的買入價，這時候他們第一時間就把死守多年的股沽掉了，打和離場。這種打和離場的心態往往是沽售後，眼巴巴地看着股價再進一步大升。

投資最錯的事，就是低沽高追。散戶持有人的行為，正正犯了上述毛病。過去，每逢股市高峰期，一定引來大量散戶將其身家財產全都投入股市，興奮地看着股價暴漲。但是，很快泡沫爆破，散戶身家財產一夜消失，有人從此意志消沉，有人甚至自尋短見。這樣的事，每隔幾年就重演一次。

6.3 抽新經濟新股注意事項

許多人稱認購新股為「抽新股」，那是指新股認購比例往往很高，申請股數不多的散戶往往得經過抽籤才能申請到，但實際上如果申請股數多的話，往往不必抽籤就能自動分配得到。錢存在銀行接近於沒有利息收入，不如大額提出來申請這類超熱門的新股。

不宜用孖展 自己傾力而為

當然，也有更多人會借孖展來認購，借孖展的利率也不高，也可以考慮，不過，借錢始終有一定風險，風險之一是遇上太熱門的新股，借了孖展申請依然可能分不到一手，零收穫之餘還要付孖展利息；風險二是上市後股價上漲幅度不夠大，不足以支付孖展利息。

因此，最佳方法是不用孖展，自己傾力而為。

要了解盈利狀態及科技前途

借巨資申請的風險正在增加，申請新股時，的確應該多花一些時間了解所申請的新股是在幹甚麼，目前的盈利狀態，其所持有的科技前途如何？

是的，許多人都希望能買中另一隻騰訊控股（0700），股價上升數百倍，這就更需要好好地了解甚麼是新經濟，多看一些有關新經濟的書，多了解中國中央政府將來在新經濟基建上的政策。是的，新經濟是值得憧憬的，但是，新經濟股也已熱炒了一段日子，魚目混珠的股份也開始出現，任何投入一定得好好的研究該股、該企業的強處，它們的亮點、競爭力，否則，就算讓你買中另一隻騰訊，相信也不可能長期持有而真正享受到股價飛升，而只是賺粒糖就止賺了，或者蝕粒糖止蝕，每天在那裏賺一粒糖或蝕一粒糖，永遠也不可能買中並長期持有另一隻騰訊。

目前新經濟的板塊非常多，有生產硬件的，有應用軟件的，生產硬件的最尖端就是目前正處於大戰的5G戰爭，5G的創意運用空間驚人。不過，5G至今仍只是非常初步，真正的應用仍未廣泛推出，市場仍在等待第一部5G自動駕駛汽車的出現。

6.4 高位炒作
不宜一注獨贏

2021年1月20日是拜登正式上任的日子,港股早一日炒作拜登概念,成交突破3,000億元,也因此,港交所(0388)股價破500元心理關。

不久前,港交所才剛剛破400元的心理關,現在又破500元心理關,不過,早一日的趁高沽售止賺造淡的人也不少,騰訊(0700)更是在創新高之後倒跌,短期內會出現好淡爭持現象,大家應該先有一定的心理準備。

頻密換馬　難免高位接貨

目前,不少小小的散戶面對的一個問題是錢不夠多,每天都有一些股值得炒,又有不少新股上市,不知

如何選擇。也因此，有時不得不賣掉一些股換另一些股，更有人就憑着一注錢，今日買甲股，持有幾天，一見股價由高位下跌，馬上換乙股，又持有數天，換丙股、丁股⋯⋯但是，在換來換去的過程中，不可避免的事就是在高位接貨，才一接貨不久，股價就逆轉，而之前所賺的可能一次過蝕光，因此，我認為如果錢不夠，也不該一注獨贏的不斷換股，而是把資金分散，多買幾隻股。在目前這個階段，許多股有理無理都炒起來，炒高了調整幅度也會很大，一注獨贏的炒作法，風險非常高。

高位加注　增加風險

當然，分散投資也會帶來一定的困擾，那就是買中某隻股之後，該股股價急升，於是又後悔買得太少，於是，又轉回一注獨贏的炒法，或者在高位再加注，如此做，又是自我提高風險水平。

目前，全球股民都看好拜登上台，在人人看好的情況之下，一定有大戶趁好消息沽空，因此，不好太過盲目樂觀，同時千萬不好孤注一擲，而且在人人炒作熱炒股的同時，不妨撥出一部份資金投入收息股，一旦熱炒股炒風退卻，收息股就會成為避險股。

狂牛難測
保持警覺

牛年紅盤高開，牛氣沖天，緊接着下來，是恒指改革，勢必使到用以代表大市走勢的恒指更上一層樓，唯一擔心的是這個大牛市能否一路上升至虎年？

狂極生悲

我對股市開始有認識之年，就是1973年，那一年也是牛年，更是有史以來最狂的狂牛，最狂的牛年，可惜，狂極生悲，最終出現有史以來最慘烈的熊市，1973年至1974年，恒指下跌90%以上。

從1973年至今，我們度過了4個牛年，2021年是第五個牛年，過去的4個牛年，都是狂牛之牛，分別只是這頭狂牛能衝多久。1973年的狂牛，以大熊市告

終；1997年的狂牛，中途遇上了亞洲金融風暴，也由大牛市變成大熊市。幸好，還有兩個牛市，則是否極泰來的牛市，而且是大牛市的開端，那是1985年及2009年。

1984年是中英為香港前途成功談判，簽署聯合聲明的一年，股市在1984年見底，1985年繼續上升，為1987的另一個大牛市開啟序幕。2009年也是否極泰來，是2008年全球金融海嘯之後回升的開始。

小心垃圾股狂升

2020年是全球疫情之年，全球股市也曾在2020年出現重挫，現在隨着中國疫情受控，疫苗出現，再加上美國、歐盟、日本、英國狂印鈔票的結果，又帶來一個牛市，應該也是大牛市。希望是有如1985年、2009年那樣的牛市，是否極泰來的牛市，為將來另一個更大的牛市開啟序幕，是初升的牛市。

為了防止在大牛市迷失自己，大家要牢牢記住過去許許多多大牛市結束前必定會出現的現象：垃圾股狂升。

是的，在過去的許許多多牛市中，最終最吸引人的股不是大藍籌股，而是那些能在短短一個月的時間裏股價從1仙升上1元的股，這才是散戶最瘋狂的時期，將身家財產全倒入的時期，狂牛就變成大熊。

Chapter 07

正確心態
持盈保泰

選擇收息股
三種方法

保守投資，對象自然是收息股，許多人一想起收息
股，就想起高息股，可惜，不少高息股之所以高息，
是因為股價大跌，買入的時候也不知道這些股還會不
會下跌。因此，該如何選擇呢？

有三種選擇方法。

派息增而非股價跌

最佳的選擇是所選擇的股之所以高息，是因為派息增
加而不是股價下跌，豐盛服務（0331）應該符合這個
要求。豐盛服務公布2019至2020年的全年業績，全
年派息0.272元，比上一個財政年度增加24%，也使
到豐盛服務的現價股息率高達8.3厘，是最新鮮熱辣
的高息股。我手上的豐盛服務是在兩年前公布業績後

買入的，持有至今，當時買入的原因也是為了高息，買入價是2.5元，至今賬面利潤30%。不過，我更關心的是收息，若以我的買入價來計算，2020年我的股息率高達11厘，股息收入大幅增長，的確是不錯的高息股。

豐盛服務有兩大業務，一是電機工程；二是物業服務，是一家市值僅14億元的中小型股，但背後是龐大的新世界集團（0017）在支撐，生意不愁。

股價見底回升仍有高息的股份

第二種尋找高息股的方法是尋找那些股價已相當明顯地見底回升了一段日子，而且仍有不錯的高息。目前符合這個條件的股有恒基（0012），股息率6.26厘；恒隆集團（0010），股息率5.99厘；新世界，股息率5.5厘。

傳統公用股

第三種選擇就是傳統的公用股，中電（0002），股息率4.17厘；港燈（2638），股息率4.02厘；煤氣（0003），3.09厘，另加20送1紅股。也許你會認為4厘息不算高息，不過，相對於銀行息，也算不錯。

7.2 買避險股收息的時機

每當美股大幅調整,導致港股也跟着調整,2021年3月初,美股調整的理由是10年期債息大幅上升,3月4日,聯儲局主席鮑威爾公開講話,表示關心目前債息情況,但是除了關心之外,他沒有任何其他表示,於是美股再挫,納指更見兩個月新低,印證股市永遠是升得高跌得重的定律,美國納指大跌,香港的科技股當然也大跌,香港科技股也的確升得相當高,是時候好好地調整。

實際上,前陣子當恒指仍在上升時,香港科技股已經開始調整,恒指的上升是傳統舊經濟股從谷底回升造成的,舊經濟股回升的理由,是投資者對未來疫情的控制呈現樂觀情緒,疫苗開始接種,疫情遲早受控,而且也很可能會推出「疫苗護照」,開放邊境讓已接種疫苗的人自由出入境內地。可惜,同一時期新股太

多，從市場吸走不少資金，導致不少人在購買舊經濟股的同時要沽出
手上的新經濟股，2021年初美國科技股的急跌，更進一步推跌香港的
科技股。

科技股熱潮未完

不少人在問：科技股是否已經炒完了？我認為還沒有，那些擔心科技
股是否已經炒完的人全是短炒者，而且是倒霉的在高位追入科技股的
人，實際上，所有在2020年已經買入科技股的人，至今仍有不錯的

利潤，ATMXJ（阿里、騰訊、美團、小米及京東）中，只有阿里巴巴（9988）表現較差，但也比去年同期高了許多，我對阿里巴巴的前景依然非常看好，現價阿里巴巴的P/E值不足30倍，是ATMXJ中最低的。

科技股中，也很少有低於30倍P/E的股份，今日科技股已經不是2000年科網泡沫時的「吳下阿蒙」，當年的科網企業99%都沒錢賺，只是在燒錢，現在的科技股，賺錢能力很強。因此，目前的下跌應該只是調整，趕走那些近期才於高位追入的新股民。是的，近期股市開始狂熱吸引了不少新股民，一定得先淘汰這批新股民，股市才能再進一步上升，現在是時候調整自己的投資組合，淘汰那些P/E值太高，仍在虧損，同時股價已開始大跌的股份。

股市大調整　買避險股

在股市大調整的同時，也不妨買一些保守的避險股收息，過去一年被冷落的中移動（0941）近日股價經常逆市上升，理由就是中移動已被視為避險的收息股，很肯定港鐵（0066）、中電（0002）也同樣有避險收息的作用，隨着將來疫情的受控，目前仍未收復失地，但已經從低位反彈的本地地產股也可以被視為收息股，這些股份股價下跌，但派息還能維持一定水平，理由是過往派息保守，手上現金充裕，現在可以大派用場。

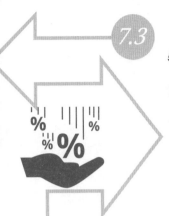

牛市發盈警
買貨好時機

拜登正式上任後,恒指破3萬點,但馬上出現趁好消息出貨的壓力。現在,最基本的利好股市的因素是拜登推出1.9萬億美元的紓困方案,不久前,特朗普才剛剛簽署了一份9,000億美元的紓困方案,拜登一上場就雙倍「加料」,股市怎麼會有問題?從2009年奧巴馬開始,美國就不斷的狂印鈔票,特朗普則不但印鈔票,還大幅減稅,因此造就了美國股市史上最長的大牛市。

每逢一月下旬,是炒業績時候,也可以炒盈喜,許多企業在公布業績前會先發盈喜或盈警。

地產股盈警　只因資產重估

不過,在牛市時有時候盈警倒成了趁低吸納的好時

機，理由是2020年經濟的確很差，盈警或虧損全是屬於「過去式」的問題，展望未來可以很不錯。2021年1月，我正在等待地產股發盈警，一發盈警就應該是買入的機會。地產股之所以會發盈警，相信是因為資產重估，重估的結果一定是大幅度減值。減值造成虧損，但是，這種虧損是非營業性的虧損，全是紙上遊戲，2020年的虧損更可能為企業節省了稅務，也為將來再重估資產值時增值留下機會。舉例港鐵（0066）就在2021年初宣布了盈警，但是，詳細讀一讀內容，若扣除資產重估，是應該有利潤的。

石油需求增　油價難跌

拜登上任的第一天，簽署了15份總統行政命令，其中一份是重返全球氣候控制的「巴黎協議」，另一份是停止在聯邦土地探測石油。特朗普退出「巴黎協議」，要大力開發美國的石油產業，拜登則全面轉向，推動清潔能源。

不久前，中國在特朗普下令美國退出「巴黎協議」時就表示要大力發展清潔能源，因此，新能源股相信還可以炒作一段相當長的時間。不過，短時間內也不要太擔心石油價格會下跌，理由是拜登將減少美國的石油開發與供應，因此短期內石油供應減少，再加上經濟復蘇，石油需求增加，油價難跌。

炒仙股
何時止賺？

不久前，我推薦過中策（0235），推薦的理由是超級富豪鄭家純突然入股這隻仙股，並一舉成為最大的單一股東，我在鄭家純入股的訊息公布後馬上追入，追入的成本已經比鄭家純入股時貴50%，之後，此股股價一升再升，升了好幾倍。不過，後來出現了調整，一連4個交易日，股價由高位下跌22%，於是，我馬上收到數名股友問我該不該止賺？

採取部分止賺方式

一向以來，我只會以小注怡情的方式參與這類仙股的遊戲，既然是小注，當然不會急於止賺，我只會等到股價上升3倍之後，才會考慮賣掉四分之一的持股，取回全部的成本，餘者就是零成本，可以更輕鬆地持

有。當然，讀者中也許有人投入的資金較多，因此一見到調整就很緊張，打算止賺。是的，面對這種神仙股，幾時止賺的決定是決定於自己投入了多少錢。但是，也應該盡可能不是全面沽清止賺，而是設法沽售一部份，先取回全部成本，餘者則是零成本，沒有任何壓力了。舉個例子，如果你以10仙的價格買入，升上20仙，賣掉一半就可以取回全部成本，升上40仙，則賣掉四分之一。

炒股絕不增持

不過，也許也有一些人下注之後，見到股價飛升，後悔自己下注的金額太少，於是加注追貨，如此做，成本高了，想沽售一部份而取回全部成本的操作也就比較困難。

因此，我投入資金之前，一定會先判定我準備買的股的潛質，是優質股或是炒股？之後決定投入的資金，若是優質股，一開始就準備長期持有。未來若股價上升，也會在上升過程中出現調整時增持，如果是炒股，則絕不增持，反正，是賺是虧，皆是娛樂罷了。

我仍未回答中策是否該止賺，理由是每個人投入的資金比重不一樣，不應該有統一的處理方法，我自己的投入很少，因此絕對不會在現階段考慮止賺。

GameStop
散戶戰大鱷的啟示

香港有不少人炒美股，希望你不是高價追買 GameStop（GME），企圖逼死沽空大鱷的人之一。是的，GameStop 股價從 1 月 13 日的 20 美元起步，到 1 月 28 日，就挾上 483 美元，的確有沽空大鱷宣布投降而在高價平倉，及數家沽空機構破產。至這一刻，散戶看來是大勝，但是，接下來呢？這家企業根本是一家仍然虧損的企業，過去一段日子，散戶齊齊入場挾淡倉，但是，當大戶平了淡倉之後，持好倉的散戶如何平倉？

把虧損企業炒上天

此舉也使到許多投資者認為，美國股民已經相當瘋狂了，把一隻仍然虧損的企業炒上天，製造超級泡沫，也是這個超級泡沫吸引了多家沽空機構進場，但是資金比不上源源不絕的散戶，不得不投降。美國散戶嘗

到甜頭，會不會再創造另一隻GameStop？香港股民會不會也有樣學樣，在香港炮製另一隻GameStop？大家一齊瘋狂？

美股大市也在GameStop瘋狂炒作的同時，一路往下跌，也拖累了港股一齊下跌，GameStop會增加人們對股市產生戒心，認為股民已開始瘋狂，這是最大的不良影響。

但挾死大鱷之後，就輪到散戶自相殘殺，高追的散戶如何沽貨？你沽我沽，股價就直線下跌，跌勢之急也是驚人的，誰能知道過去幾天的急跌有沒有另一些大鱷出來沽空？總而言之，散戶幻想打倒大鱷，很難的！

散戶如何一起散貨？

股市炒作，不論股價升得多高，都只是紙上富貴，只有在真正賣掉持有的股票，賺到的錢才是真的。目前，大量GameStop的散戶手中持有的股，如何在高價一起散掉？表面上，幾隻大鱷聲稱投降了，但是，散戶一日沒在高價賣掉手上高價買回來的股，仍未贏。

GameStop未贏，已經有人動白銀的主意，白銀涉及的範圍更廣，有一塊塊的現貨白銀、有期貨白銀、有白銀股⋯⋯GameStop是散戶包抄沽空的大鱷，大鱷不得不平空倉，白銀股有人沽空嗎？若無沽空，那是散戶自己在炒高股價，結果一定是在低價買入的大戶、散戶以高價賣掉手上的股，讓這群自以為自己正在包抄沽空大鱷的散戶接火棒。

Wealth 130

新經濟
舊經濟

股票投資法則

作者	曾淵滄
出版經理	Sherry Lui
責任編輯	梁韻廷
書籍設計	Stephen Chan
相片提供	Getty images

出版	天窗出版社有限公司 Enrich Publishing Ltd.
發行	天窗出版社有限公司 Enrich Publishing Ltd.
	香港九龍觀塘鴻圖道78號17樓A室
電話	(852) 2793 5678
傳真	(852) 2793 5030
網址	www.enrichculture.com
電郵	info@enrichculture.com
出版日期	2021年4月初版

承印	嘉昱有限公司
	九龍新蒲崗大有街26-28號天虹大廈7字樓
紙品供應	興泰行洋紙有限公司

定價	港幣 $158　新台幣 $650
國際書號	978-988-8599-61-5
圖書分類	(1)工商管理　(2)投資理財

支持環保 此書紙張經無氯漂白及以北歐再生林木纖維製造，並採用環保油墨。